中华传统文化国粹
经典文库

名家导读版

中华成语典故

立 人 ◎ 编
陈世旭 ◎ 导读

中国民族文化出版社
北 京

图书在版编目（CIP）数据

中华成语典故 / 立人编；陈世旭导读. -- 北京：中国民族文化出版社有限公司，2023.11（2024.1 重印）
（中华传统文化国粹经典文库：名家导读版）
ISBN 978-7-5122-1664-8

Ⅰ.①中… Ⅱ.①立…②陈… Ⅲ.①汉语－成语－典故 Ⅳ.①H136.31

中国国家版本馆 CIP 数据核字（2023）第 059080 号

中华成语典故
ZHONGHUA CHENGYU DIANGU

编　　者	立　人
导 读 者	陈世旭
责任编辑	赵卫平
责任校对	李文学
装帧设计	宋双成
出 版 者	中国民族文化出版社　地址：北京市东城区和平里北街 14 号　邮编：100013　联系电话：010-84250639　64211754（传真）
印　　装	三河市南阳印刷有限公司
开　　本	710 mm × 1000 mm　16 开
印　　张	27
字　　数	355 千
版　　次	2023 年 4 月第 1 版
印　　次	2024 年 1 月第 2 次印刷
标准书号	ISBN 978-7-5122-1664-8
定　　价	39.80 元

版权所有　侵权必究

中华传统文化国粹经典文库

品文化经典　通古今智慧

李继勇

策划人、出版人、北京书香文雅图书文化有限公司董事长。专业从事图书策划，儿童文学、儿童阅读推广，国内文化交流等。已成功策划"儿童文学光荣榜"系列、"爱阅读课程化丛书"系列、"文学百年·名家散文典藏"系列、"科幻文学群星榜"系列、"绘本里的世界"系列、"童诗百年"系列等多种类型出版物。

于润琦

中国现代文学馆研究员、中国作家协会会员。总主编《插图本百年中国文学史》（3卷），主编《清末民初小说书系》（10卷）、《海派作家作品精选》（16册），校、注古典小说《型世言》《金屋梦》《中国古典文学海外珍稀本文库》30余种，参与编选《明、清、民国时期珍稀老北京话历史文献整理与研究》（30册）、《中国现代文学百家》（116册），以及《北京的门礅》《老北京的门楼》北京民俗著述多种。

（按姓名音序排列）

◎薄克礼
文学博士，天津城建大学教授。攻文史，好四书。

◎陈鹏程
历史学博士，天津师范大学文学院副教授。

◎陈世旭
当代作家，曾任中国作家协会主席团委员、江西省文联主席兼作家协会主席。

◎陈喜儒
作家，著名翻译家，曾任中国作家协会外联部副主任、中国外国文学学会日本文学研究分会会长。

◎冯 蒸
首都师范大学文学院教授，博士生导师，北京国际汉字研究会理事、副会长。

◎官 铎
管子思想理论和应用资深研究学者。

◎关四平
哈尔滨师范大学文学院教授，博士生导师。主要从事中国古代小说及戏曲等研究。

◎韩小蕙
著名作家，中国作家协会会员，中国散文学会副会长，南开大学文学院兼职教授。

◎侯忠义
北京大学教授，曾任北京大学图书馆古籍整理研究室主任。主要从事先秦两汉文学史、文言小说研究。

◎李海涛
天津师范大学历史文化学院教授，天津市孙子兵法研究会荣誉会长。

◎李瑞兰
天津师范大学历史文化学院教授，曾任中国先秦史学会理事。

◎李树果
资深《易经》研究者，中国散文诗学会理事，《中华时报》记者。

◎李硕儒
作家，著名编剧。合著长篇历史小说《大风歌》获重庆市"五个一工程奖"。

◎廉玉麟
天津中医药大学第一附属医院主任医师，教授。

◎林海清
天津师范大学国际教育交流学院副教授，天津市红楼梦研究会副秘书长兼理事，中国三国演义学会、中国水浒学会会员。

◎ **林骅**
天津师范大学文学院教授，曾任古典文献研究所所长，天津市红楼梦研究会顾问。

◎ **马文大**
首都图书馆研究馆员、北京地方文献中心主任，北京史研究会副会长。

◎ **孟昭连**
南开大学文学院中国语言文学系教授，中国东方文化研究会理事。

◎ **宁稼雨**
南开大学英才教授、博士生导师，2017年度国家社科基金重大项目"全汉魏晋南北朝小说辑校笺证"首席专家。

◎ **宁宗一**
南开大学学术委员会委员、中国武侠文学学会名誉会长、中国儒林外史学会副会长。

◎ **牛倩**
天津大学国际教育学院副教授，硕士研究生导师。

◎ **欧阳健**
福建师范大学文学院教授，曾任《明清小说研究》杂志主编。

◎ **潘务正**
安徽师范大学文学院教授，教育部人文社会科学重点研究基地安徽师范大学中国诗学研究中心副主任，中国韵文学会赋学专业委员会（中国辞赋学会）副会长。

◎ **乔卉林**
中国城乡金融报社记者。其作品曾多次获得奖项。

◎ **尚学峰**
又名尚学锋。文学博士，北京师范大学文学院教授。

◎ **邵永海**
北京大学中文系教授。主要从事汉语史方面的教学和研究工作。

◎ **石定果**
北京语言大学人文学院教授，汉语言文字学博士。著有《说文会意字研究》等多部作品。

◎ **石厉**
原名武硕旺。著名诗人，文艺理论家。《诗刊》编委，《中华辞赋》杂志总编辑，中华诗词学会副会长。

◎ **石麟**
湖北师范大学文学院教授。中国水浒学会会长。

◎ **孙立仁**
曾任《中国老年报》社长，发表多篇小说、诗歌、散文、报告文学等。当代篆刻家。

◎ **孙钦善**
北京大学中文系教授，全国高等院校古籍整理研究工作委员会委员，中华炎黄文化研究会理事。

◎ **田秉锷**
江苏省文艺评论家协会顾问，徐州市孔子学会顾问，江苏师范大学客座教授。

◎ **王建新**
中国历史文献研究会理事，中原传媒集团出版部副主任。

◎ **王蒙**
著名作家、学者，文化部原部长。茅盾文学奖获得者。多年来致力于传统文化研究。2019年获"人民艺术家"国家荣誉称号。

◎ **王晓华**
民国史专家，中国第二历史档案馆研究馆员。中央广播电视总台、北京电视台、湖北卫视等多个栏目主讲嘉宾。

◎ **吴波**
湖南农业大学教授、党委委员、副校长，中国儒林外史学会副会长，湖南省古代文学学会副会长。

◎ **武道房**
安徽师范大学中国诗学研究中心教授。

◎ **徐刚**
诗人，作家。曾获鲁迅文学奖、郭沫若散文奖、中国报告文学终身成就奖等。

◎ **俞前**
中国作家协会会员，苏州市吴江区南社研究会会长，苏州南社文化研究院副院长。

◎ **查洪德**
文学博士，南开大学中国语言文学系教授，博士生导师。内蒙古元代文学学会会长。主要从事元明清文学与文献研究。

◎ **张秋升**
曲阜师范大学历史文化学院教授，主要研究儒家史学理论。

◎ **张世林**
新世界出版社编审，著有《大师的侧影》等著述。

◎ **张弦生**
中州古籍出版社编审、副总编辑。

◎ **郑铁生**
天津外国语大学教授，原中国三国演义学会常务副会长兼秘书长，曾任中国红楼梦学会学术委员会委员、北京曹雪芹学会副会长。

◎ **周传家**
北京联合大学应用文理学院教授，中国昆剧古琴研究会副会长，中国戏剧文学学会顾问，中国戏曲学会常务理事。

◎ **卓然**
原名王坤元，笔名卓然。作家，诗人。著有中短篇小说集《我记忆中的河》、散文集《天下黄河》等作品。

姹紫嫣红开遍
——《中华成语典故》随想

一

念初中的时候，班上有个同学作文每每得到老师好评，说他总是能很好地引用古代典故，尤其是知道许多成语，让作文十分增色。我们大家都很羡慕他，觉得他就是古代的神童再世。过了些时候，另外有个同学发现他原来藏有秘密武器——一本比巴掌大一点的厚厚的《成语词典》。里面收录了成千上万的成语，许多成语的解释中都包含着一个让人看得津津有味的故事。我们大多数同学都看过小人书《三国演义》，词典里就有很多由《三国演义》中的故事形成的成语："望梅止渴""荀令留香""得陇望蜀""三顾茅庐""如鱼得水"……数不胜数。

由此开始，同学们学习成语，学习成语故事后面的历史，成了一种风气，以至对语文课进而对整个的语言世界，产生了浓厚的兴趣。

二

语言是人类的创造，只有人类有真正的语言，只有人类才会把无意义的语音按照各种方式组合起来，成为有意义的语言单位，再把为数众多的语言独立单位按照各种方式组合为语言、语句，用无穷变化的形式来表示变化无穷的意义。

人类通过语言交流思想，进行沟通，借助语言保存和传递人类文明的成果。语言是人类文化得以传承和储存的有效载体，它在自身的发展当中，逐步体现出很强的传承性和交际性。语言是文化的一个重要组成部分,只有通过语言才能把文化一代代传下去,没有语言也就不可能有文化。

哲学家说"语言乃存在之家",意思是人生活在语言中,在语言中逐渐成长,语言是在特定的环境中,为了生活的需要而产生的,是保持生活方式的一个重要手段。在这个意义上,善待善用语言,才能善待我们自身,才能更好地善待我们共同生活的社会。

语言是人类文化的载体和重要组成部分。每种语言都能表达使用者所在民族的世界观、思维方式、社会特性以及文化、历史等,都是人类珍贵的无形遗产。

社会生活的进化由简到繁,语言也就随着由简到繁。语言的指向性使语言的含义描述可以指向对应的事、物;语言的描述性体现语言的含义,具备描述性是语言能够交流的重要体现。语言是一种有结构、有规则的指令系统,其逻辑随语言的指向、描述而变化。

在人类社会发展当中,语言储存了文明的精华信息,以自己的风格特色和强大的交际性功能,直接或者间接影响着相关的人群。人与人的交流是一种有目的的行为,所以语言是实用性的。因为语言是社会符号,语言的交流只能在所有参与者理解那些非语言的暗示、动机、社会文化角色等等互相关联的因素之后才能有效进行,因此语言又是社会的、约定俗成的。

语言会像阳光一样融化人与人之间的冰雪,会像春雨一样滋润人们的生活。正确使用语言,学会"说话",就能用语言架起沟通的桥梁。

随着人类社会的产生和发展,特定的环境必然会在语言上打上特定的文化烙印。语言是一个民族的基本特征之一,也是一个民族智慧的基本衡量标准之一。一个国家,一个民族,从历史中走来,都有着各自的文化。但文化又来源于古老的历史。中国的历史文化源远流长,说到中国的历史,说到中国的文化,说到中国的底蕴,就一定会说到成语。

汉语是中国使用人数最多的语言,也是世界上使用人数最多的语言。中国人在汉语言发展的漫长过程中、在丰富的交际中,应对各种变化,不断创造出更加具有表达力的语言;而逐渐创造形成并自成一体的成语,就是一种"有表达力的语言"。中国人借助它表达自己的喜怒哀乐，如行云流水，滔滔不绝。

感悟重点，个性表达，精彩的语言才能产出有效的结果。好的成语生动形象，准确精妙，可以使人获得最深的感受，让人的思绪自由飞翔，表达的内容和形式也精彩纷呈。

大文豪高尔基曾说："作为一种感人的力量，语言的美产生于言辞的准确、明晰和动听。"

而成语就有这种准确、明晰和动听的优势。

人们述说历史，表达情感，无论怎样的平平仄仄、起承转合，无论是声如洪钟还是轻言细语，都是个性的体现与文化的纷呈。其中，成语的丰富生动，尤其让人惊叹。

成语的世界博大精深。一个故事，一种思考，一种情愫，每一个都拥有独立的意义，散发生命的气息和文化的魅力。

三

成语，众人皆说，成之于语，故名"成语"。

成语，是中国汉字语言词汇中一部分定型的词组或短句，是汉文化的一大特色，有固定的结构形式和固定的说法，表示一定的意义，在语句中是作为一个整体来应用的。成语的意思精辟，往往隐含于字面意义之中。它结构紧密，一般不能任意变动词序，也不能抽换或增减其中的成分。简而言之，成语就是说出来大家都知道，可以引经据典，有明确出处和典故，使用程度相当高的用语。

许多成语是古人长期相沿习用、结构定型、意义完整的固定词组。元代刘祁《归潜志》卷十二上有"古文不宜蹈袭前人成语，当以奇异自强；四六宜用前人成语，复不宜生涩求异"。清代戏剧家李渔在《闲情偶寄·词曲上·音律》中道"凡作倔强聱牙之句，不合自造新言，只当引用成语"。清代任泰学的《质疑·经义》中说："'成事不说''遂事不谏''既往不咎'，或是当时成语。"

许多成语是历代留下的寓言故事："狐假虎威"（《战国策·楚

策》），"鹬蚌相争"（《战国策·燕策》），"画蛇添足"（《战国策·齐策》），"刻舟求剑"（《吕氏春秋·察今》），"自相矛盾"（《韩非子·难势》）。

许多成语直接就是历史片段："外强中干"（《左传·僖公十五年》），"以逸待劳"（《孙子·军争》），"完璧归赵"（《史记·廉颇蔺相如列传》），"破釜沉舟"（《史记·项羽本纪》），"草木皆兵"（《晋书·苻坚载记》），"一箭双雕"（《北史·长孙晟列传》），"口蜜腹剑"（《旧唐书·李林甫传》）。

许多成语干脆就截取古书文句的四个字："有条不紊"取自《尚书·盘庚》的"若纲在纲，有条而不紊"；"举一反三"取自《论语·述而》的"举一隅不以三隅反，则不复也"；"痛心疾首"取自《左传·成公十三年》的"斯是用痛心疾首，暱就寡人"；"分庭抗礼"取自《庄子·渔父》的"万乘之主，千乘之君，见夫子未尝不分庭伉礼"（"伉"古通"抗"）；"牢不可破"取自唐代韩愈《平淮西碑》的"大官臆决唱声，万口和附，并为一谈，牢不可破"；"吴下阿蒙"取自宋代司马光《资治通鉴·汉纪·孝献皇帝辛十五年》的"卿今者才略，非复吴下阿蒙"；"胸有成竹"取自宋代苏轼《文与可画筼筜谷偃竹记》的"故画竹，必先得成竹于胸中"。

许多成语是普通人的日常口语：说忙碌有"起早贪黑""手忙脚乱"；说琐碎事有"鸡毛蒜皮"；说回家有"打道回府"；说走路有"安步当车"；辞别时说"后会有期"；说自私有"挑肥拣瘦"；说欺负有"狗仗人势"；说拎不清有"拖泥带水"；说爽朗有"心直口快"；说狡猾有"阳奉阴违"；有些话不便直说，就说有个"三长两短"。

成语在我们的生活中随处可见。女子十六岁，称"年方二八"；男子三十岁，称"而立之年"；六十岁称"花甲之年"；七十岁称"古稀之年"；八十岁称"耄耋之年"……形容美女是"沉鱼落雁，闭月羞花"；形容方便是"近水楼台"；说考试失败是"名落孙山"；说冒充是"滥竽充数"；形容看多了是"司空见惯"；形容骄傲是"妄自尊大""夜郎自大"……

总而言之，成语是一种现成的话，在语言的长期使用、锤炼中形成，是比词的含义更丰富而语法功能又相当于词的语言单位，跟习用语、谚语相近，又略有区别。成语富有深刻的思想内涵，简短精辟易记易用，且常常带有感情色彩，包括贬义和褒义，也有中性的。除了少数三字、五字、六字、七字、八字成语，如"敲门砖""莫须有""想当然""闭门羹""欲速则不达""桃李满天下""真金不怕火炼""五十步笑百步""心有余而力不足""醉翁之意不在酒""江山易改本性难移"，乃至"只许州官放火，不许百姓点灯"这样的十二字成语，其他大部分的成语都是约定俗成的四字结构。

成语之所以多用四个字，与汉语本身的句法结构和古汉语以单音词为主有关，也因为四字更易上口，更易为人所喜爱、所乐诵。古代的诗歌总集《诗经》，就以四字句为多。经典史籍《尚书》，其中也有不少四字句。古代的经典训蒙读本《三字经》《百家姓》《千字文》，其中后两种全为四字句。《四言杂字》，《龙文鞭影》初集、二集、三集，都是四言。

成语结构有主谓式、联合主谓式、联合动宾式、联合名词式，还有联合动词式、动补式、并列式、偏正式、承接式、因果式等等。实际上，成语的结构是多种多样的。成语于语言表达有生动简洁、形象鲜明的作用，本身就有比喻、对比、加重等措辞方法，如"阳奉阴违""外强中干""五光十色""一知半解""七嘴八舌""患得患失""不寒而栗"等。成语在意义上具有整体性，其意义往往不是其构成成分意义的简单相加，而是在其构成成分意义的基础上进一步概括出来的整体意义；比如"狐假虎威"的表面意义是狐狸假借老虎的威势，实际含义则是倚仗别人的权势去欺压人。这样的例子举不胜举。

在历史的舞台上，中华儿女上演过一幕幕宏大精彩的活剧；衍生于这些活剧的成语，是历史的积淀，在古代汉语与现代汉语的传承上占有重要的地位。

成语典故文化是中国最古老的文化元素之一，同时也是一种较为复杂的文化体系。成语典故通过生动有趣的故事来说明道理，表达看法，陈述观点，深刻隽永，言简意赅。成语是汉语词汇系统中重要而又极富特色的组成部分。学习成语是学习和了解中国文化的一条有效途径。阅读成语故事，可以了解历史，通达事理，学习知识，积累优美的语言素材。故而，成语故事深受民众喜爱，被无数人品读和应用，于我们是不可或缺的文化食粮。对成语反复涵泳、体会、揣摩、品味，把握其表情达意的思路，本身就是一种自我陶冶的方式。

如果把语言比作广袤原野，那么凝结着智慧结晶的成语，就是姹紫嫣红开遍了原野的烂漫鲜花。

学习和运用成语，不仅是增长知识、培养口头表达和文字表达能力的需要，也是学习为人处世之道、提高自身修养的需要。

北周文学家庾信的《燕射歌辞·角调曲》中有言："言而无文，行之不远。"一个人的修养常常决定其生活品质。掌握语言的奥妙，恰当地运用语言，必定能给工作和生活带来益处。让成语像鲜花一样伴随我们的言谈和书写，让我们的人生因此而飘散鲜花的芬芳，焕发鲜花的色彩吧。

陈世旭

A

安然无恙 / 001

按兵不动 / 003

暗箭伤人 / 005

B

拔苗助长 / 008

半途而废 / 010

抱薪救火 / 012

杯弓蛇影 / 014

背井离乡 / 016

背水一战 / 018

奔走相告 / 021

闭门思过 / 023

鞭长莫及 / 025

变化无方 / 027

兵强马壮 / 030

病入膏肓 / 032

不可多得 / 034

不自量力 / 036

C

才高八斗 / 038

草木皆兵 / 040

乘人之危 / 042

沉鱼落雁 / 044

程门立雪 / 046

乘风破浪 / 048

初出茅庐 / 050

出尔反尔 / 052

出奇制胜 / 054

出人头地 / 057

出言不逊 / 059

D

大材小用 / 061

大公无私 / 063

大器晚成 / 065

大失所望 / 067

大义灭亲 / 069

道不拾遗 / 072

得鱼忘筌 / 074

掉以轻心 / 076

东窗事发 / 078

东山再起 / 080

东施效颦 / 083

洞房花烛 / 085

独当一面 / 087

对牛弹琴 / 089

多难兴邦 / 091

咄咄逼人 / 094

E

阿谀奉迎 / 096

F

返老还童 / 098

范张鸡黍 / 100

防微杜渐 / 102

放虎归山 / 104

分庭抗礼 / 106

奋不顾身 / 109

风吹草动 / 111

风烛残年 / 114

负荆请罪 / 116

G

改过自新 / 119

感恩图报 / 121

刚愎自用 / 123

高朋满座 / 125

功亏一篑 / 127

鼓盆之戚 / 129

固若金汤 / 131

H

害群之马 / 133

骇人听闻 / 135

邯郸学步 / 137

好逸恶劳 / 139

涸辙之鲋 / 141

狐假虎威 / 143

囫囵吞枣 / 145

华而不实 / 147

画龙点睛 / 149

画蛇添足 / 151

黄粱一梦 / 153

J

鸡犬不宁 / 155

价值连城 / 157

见利忘义 / 160

江郎才尽 / 162

脚踏实地 / 164

狡兔三窟 / 166

矫枉过正 / 169

嗟来之食 / 171

截发留宾 / 173

金石为开 / 175

井底之蛙 / 177

K

开天辟地 / 180

开源节流 / 182

刻舟求剑 / 184

空前绝后 / 186

空穴来风 / 188

脍炙人口 / 190

旷日持久 / 192

L

滥竽充数 / 194

老当益壮 / 196

老骥伏枥 / 199

老牛舐犊 / 202

励精图治 / 204

两袖清风 / 206

临危不惧 / 209

洛阳纸贵 / 212

M

马首是瞻 / 215

毛遂自荐 / 217

迷途知返 / 220

明目张胆 / 222

莫逆之交 / 224

目不识丁 / 226

N

南柯一梦 / 229

南辕北辙 / 231

囊萤映雪 / 233

弄巧成拙 / 235

O

呕心沥血 / 237

P

抛砖引玉 / 239

披荆斩棘 / 241

破釜沉舟 / 243

Q

七擒七纵 / 247

千军万马 / 249

千人所指 / 251

前车之鉴 / 253

前功尽弃 / 255

黔驴技穷 / 257

倾国倾城 / 259

请君入瓮 / 261

穷则思变 / 263

取长补短 / 265

R

人面兽心 / 267

人人自危 / 269

如泣如诉 / 272

如释重负 / 274

如鱼得水 / 276

入木三分 / 279

S

塞翁失马 / 282

三思而行 / 284

神机妙算 / 286

声东击西 / 288

盛气凌人 / 290

视民如子 / 293

守口如瓶 / 296

守株待兔 / 298

熟能生巧 / 300

水落石出 / 302

水深火热 / 304

四面楚歌 / 306

T

贪得无厌 / 308

桃李成蹊 / 310

天之骄子 / 313

铁杵成针 / 316

投鼠忌器 / 318

W

外强中干 / 321

完璧归赵 / 323

玩火自焚 / 327

亡羊补牢 / 329

妄自菲薄 / 331

望梅止渴 / 333

闻鸡起舞 / 336

卧薪尝胆 / 338

X

相见恨晚 / 340

行尸走肉 / 342

幸灾乐祸 / 344

胸有成竹 / 346

虚张声势 / 348

削足适履 / 351

Y

言归于好 / 353

掩耳盗铃 / 355

叶公好龙 / 357

夜郎自大 / 359

一见如故 / 361

一箭双雕 / 363

一毛不拔 / 365

一丝不苟 / 367

一叶障目 / 369

一意孤行 / 371

一朝一夕 / 374

以讹传讹 / 376

以貌取人 / 378

有恃无恐 / 380

欲盖弥彰 / 383

Z

凿壁偷光 / 385

朝三暮四 / 387

执迷不悟 / 389

纸上谈兵 / 392

专横跋扈 / 395

专心致志 / 398

自惭形秽 / 400

自相矛盾 / 402

走马观花 / 404

安然无恙

出处

西汉·刘向《战国策·齐策四》:"岁亦无恙耶?民亦无恙耶?王亦无恙耶?"

释义

原指人平安没有疾病,现泛指事物平安未遭损害。恙:病。

典故

战国的时候,齐国的使者出使赵国。当使者带着齐王的信拜访赵威后的时候,赵威后并没有先打开他的信,而是问他齐国最近情况如何,百姓的生活如何,粮食是否够吃之类的问题,最后她才问起来齐王的身体状况。"岁亦无恙耶?民亦无恙耶?王亦无恙耶?"这是原文中赵威后问使者的话。使者听到这句话后有些生气,他认为赵威后把齐王放到最后是对齐王的不尊重,况且她连齐王的信都没有打开,因此他询问赵威后为何将齐王放在最后问。

赵威后笑了笑,解释自己话中的意思:对于一个国家而言,应该是先把百姓放在最前，把国君放在最后，这才是对国君的尊重。倘若自己先把他们的国君放在最前面问候，那便是侮辱[①]了他们的国君。

使者听完赵威后的话之后，非常佩服她。

后来人们便把赵威后话中的那几个"无恙"概括成"安然无恙"这个成语，如今这个成语多用来表达问候。

思考与领悟

在战国时，女性被视作男性的附属品，学识功绩能名留青史的女性极少；但是赵威后作为那个时代的女性，她的思想是非常先进的。她认为，一个国家必须以百姓为根本。

---

① 侮辱：欺侮羞辱，使蒙受耻辱。

按兵不动

出处

战国·荀况《荀子·王制》:"偃然案兵无动,以观夫暴国之相卒也。"

释义

使军队暂不行动。现也比喻暂不开展工作。案:通"按",止住。

典故

春秋末期,卫国是一个很弱小的诸侯国,名义上是晋国的一个盟国,实际上完全听命于晋国。卫国的国君卫灵公内心非常不愿处于这种卑微的地位,于是和齐景公建立盟约,从而和晋国断了关系。

晋国的赵鞅立刻召集人马,打算出兵攻打卫国。在出发之前,他派大夫史默到卫国了解情况。半年之后,史默回来了。赵鞅询问他怎么在卫国待这么长时间,他说是为了了解情况。

史默说:"现在,卫国任命贤臣蘧伯玉为相国,这使得他赢得了民心。"接着,他又讲述了卫灵公为了激励国人齐心反抗晋国而采用的方法：他派人对国人说，晋国已经命令卫国，只要是有姐妹、女儿的人家，都要抽出一人去晋国当人质。消息一传开，举国民众无不惊惶痛哭，满心怨恨。为了让国人更加相信这是事实，卫灵公又抽选出很多宗室的女儿，作势要把她们送往晋国。结果就在出发当天，百姓们阻止她们去晋国当人质，并表示要和晋军战斗到底。

史默还提供了一个动向：孔子去了卫国，由他的弟子给灵公出谋划策。最后史默说："卫国有很多贤臣，民气旺盛。国君也非常重视并采纳贤臣们提出的意见。想用武力让卫国屈服，恐怕要付出极大的代价。"

赵鞅听后，觉得现在进攻卫国还不是时候，于是按兵不动，等待时机成熟。

思考与领悟

赵鞅按兵不动，只为等待时机，时机成熟时卫国恐怕就危险了。所以，按兵不动更多的时候是一种策略，它告诉我们在时机不成熟的时候，要学会忍耐。操之过急[①]，事情反而会朝着相反的方向发展。

[①] 操之过急：处理事情或解决问题过于急躁。

暗箭伤人

出处

春秋·左丘明《左传·隐公十一年①》:"秋七月,公会齐侯、郑伯伐许。庚辰,傅于许,颍考叔取郑伯之旗蝥弧以先登。子都自下射之,颠。瑕叔盈又以蝥弧登,周麾而呼曰'君登矣!'郑师毕登。壬午,遂入许,许庄公奔卫。"

释义

暗地里射箭杀伤别人。多比喻用阴险的手段,乘人不备,加害于人。

典故

春秋时期,郑庄公准备讨伐许国。战前,他先在国都组织比赛,挑选先行官。众将觉得展示自己的机会来了,个个都急切地想要大显身手。

第一个比赛项目是剑术。众将都使出所有的本领,一时间刀光剑影,互不相让。经过首轮比拼,选出了前六名。接下来是比

---

① 隐公十一年:公元前712年,隐公,鲁隐公。

箭术，六名胜出者各射三箭，射中靶心者为胜。这六人中，公孙阏（字子都）武艺高强①，年轻气盛，向来自负，不把他人放在眼里。只见他三箭连中靶心，立时博得一片喝彩。他不免扬扬得意②，认为先行官非他莫属③。

但有一位将领是个老人，胡子都白了，叫颍考叔，也是个身手不凡的人。只见他走上前去，从容不迫，挽弓搭箭，嗖嗖嗖，三发三中，与公孙子都比了个平手。

两将并列第一，还须再考。庄公派人拉出一辆战车，对他们说："你们二人都站在百步开外，同时来抢这辆战车，谁抢到手，谁就是先行官。"公孙子都轻蔑地看了一眼颍考叔，没把这老将当回事。谁知刚跑了一半时，公孙子都不小心脚下一滑，摔了个跟头。等他爬起来，颍考叔已把战车抢到了手。公孙子都不服，扑过来就抢车，两个人打了起来。庄公忙下令制止，并宣布颍考叔为先行官，同时命公孙子都为副将。公孙子都居人之后，怀恨在心，难咽这口气。

颍考叔不负庄公之望，在进攻许都时，手举大旗率先从云梯上冲上城头。眼见颍考叔就要大功告成，公孙子都恨得要命，竟抽出一支箭向颍考叔射去，一下子把颍考叔从城头上射了下来。

公孙子都胜利后，大家对颍考叔的死议论纷纷，认为他背后中箭，肯定是被自己人杀害的。但凶手一时没有被查出来，郑庄公只好召集全军，设坛悼念颍考叔。

---

① 武艺高强：一个人的武功很厉害，亦喻指某人在某方面很厉害。
② 扬扬得意：形容得意时神气十足的样子。
③ 非他莫属：除了他就没有更好的选择了。

后来，人们就把公孙子都的行为称为"暗箭伤人"。

> 思考与领悟

子都爱攀比，又嫉贤妒能，实在是一个心胸狭窄的人。他每次都想赢颍考叔，却每次都落空，最后居然暗箭伤人。这则故事，其实也在告诫我们要公平、公正地与人比拼，不能暗地里使坏，做事要光明磊落，这样才能无愧于心。

B

拔苗助长

出处

战国·孟轲及其弟子万章、公孙丑等《孟子·公孙丑上》:"宋人有闵其苗之不长而揠之者,茫茫然归,谓其人曰'今日病矣,予助苗长矣'。其子趋而往视之,苗则槁矣。"

释义

不顾禾苗的生长规律,强行拉扯禾苗,以为等同它自己长。现比喻不遵守事物本身的发展规律,力求速成,结果却适得其反。

典故

在宋国,有一个农夫在种禾苗时,看到别人家的苗长得很快,他心里面就感觉到很着急,一直在想能让禾苗快速成长的方法。

有一天,他突然想到了一个非常好的办法,于是马上跑到田里面,把禾苗往上拔了好几下,禾苗果然长高了。这位农夫也累得气喘吁吁①的。

---

① 气喘吁吁:形容呼吸急促,大声喘气。

回到家后，他兴高采烈地告诉自己的家人："我今天做了一件大事儿！我让田里面的禾苗长高了一截。"家人听了之后感觉很奇怪。

等到第二天，儿子去田里看禾苗时，发现禾苗都蔫死了。

思考与领悟

有些事情不能心急，只要顺其自然就会有良好的发展，所以做事情要按部就班，遵循客观规律，否则不能成功反而失败，心急吃不了热豆腐。

半途而废

出处

春秋末期·子思《礼记·中庸》:"君子遵道而行,半途而废,吾弗能已矣。"

释义

本义为路走到一半停了下来,没有走到目的地。比喻事业没做完就停止,不能善始善终。

典故

东汉时,河南有个名叫乐羊子的男子,娶了一位通情达理①的女子为妻,史书上称她为"乐羊子妻"。

一天,乐羊子在路边拾到一块别人遗失的金子,就带回家交给妻子保管。

乐羊子以为妻子一定会很高兴,谁知妻子不仅丝毫不为所动,反而规劝乐羊子说:"我听说有志气的人不喝盗泉的水,正直的人不接受不敬的施舍。把别人遗失的金子据为己有,不是大

---

① 通情达理:说话、做事懂人情,讲道理。

丈夫所为啊!"

听了妻子的话,乐羊子惭愧得满脸通红。他急忙把那块金子送回原处,然后到很远的地方拜求名师,钻研学问去了。

一年后,乐羊子突然跑回家来。妻子很惊讶,问他:"你求学读书才一年时间,怎么就回来了?"

乐羊子笑着说:"时间长了,很想念你,所以回家看看,没有别的事情。"

妻子听罢,拿出一把剪刀,把他拉到织布机旁,指着织布机上的布匹说:"你看,这布的原料是蚕丝。用织布机一点一点地编织起来,日积月累才能织出一寸、一尺、一丈、一匹的绸子。如果我一剪刀将它剪断了,就会前功尽弃①。你读书也是这个道理,日积月累地刻苦学习,才能获得成功;如果半途而废,不就像剪断丝线一样,白白浪费了时间吗?"

妻子的话深深地打动了乐羊子。第二天一早,他便告别妻子,出门继续求学去了。他一连七年没有回家,终于学有所成。

思考与领悟

乐羊子的妻子很聪慧。她用织布这事让丈夫明白了读书不可半途而废的道理。织布机上的绸布是一寸、一尺、一丈织成的,若一剪刀剪断,便前功尽弃。读书也是如此,需要不断地积累,一刻也不能偷懒。如果半途而废,就如剪断的绸布,白白浪费了时间。其实,不光是读书,做任何事情都是如此;如果去做,就要善始善终,并做到最好。

---

① 前功尽弃:以前的功劳全部丢失,亦喻指以前的努力全部白费。

抱薪救火

出处

西汉·司马迁《史记·魏世家》:"且夫以地事秦,譬犹抱薪救火,薪不尽,火不灭。"

释义

抱着木柴去救火。比喻用错误的方法去消除灾祸,结果反而使灾祸扩大。薪:柴草。

典故

战国时期,魏国接连几次遭到秦国的侵略。安釐王元年(前276),秦军占领了魏国的两座城池,第二年又夺去了两座城池,并且直奔魏都大梁。韩国派兵援救,也被秦军打败。魏国只得割让了一部分领土给秦国,才结束了这次战争。可是第三年,秦国又发动进攻,强占了魏国的四座城池,杀了魏军四万人。第四年,秦国更是把魏、韩、赵三国的军队打得大败,被秦国杀伤的士兵有十五万之多,魏国大将芒卯失踪。魏国的另一个将领段干子建议再把南阳割给秦国，以换取暂时的和平。怯懦无能①的安釐王听从了段干子的建议，再一次向侵略者屈膝求和②。

苏代不赞成魏国的这种妥协政策。他是"合纵抗秦"的创议者苏秦的弟弟，那时苏秦已死，苏代继承了哥哥的遗志，主张联合六国，一致抵抗秦国。他对安釐王说："侵略者贪得无厌，您这样一味地割让领土，想以此来换取和平是不可能的。只要您的领土还在，秦国的贪欲就永远不会满足。这好比用木柴去灭火，将木柴一捆又一捆地投入大火，想这样去扑灭火焰，怎么能办得到呢？您的木柴一天不烧完，火就永远不会熄灭！"

思考与领悟

安釐王想用牺牲土地来换取和平，这是不可能的，因为侵略者是贪得无厌的。想要消除灾祸，却用了错误的方法，结果只会使灾祸不断扩大。因此，我们在做事情的时候要选对方法，才能事半功倍。

---

① 怯懦无能：形容一个人胆小怕事，没有才干。
② 屈膝求和：下跪降服，请求和解。

杯弓蛇影

出处

唐·房玄龄等《晋书·乐广列传》:"前在坐,蒙赐酒,方欲饮,见杯中有蛇,意甚恶之,既饮而疾。"

释义

比喻疑神疑鬼,自己吓唬自己。

典故

有一天,杜宣应邀到县令应郴家中喝酒。

酒席就设在应郴家中的大厅里,大厅的北墙上悬挂着一张红色的弓。杜宣在喝酒的时候忽然看到自己的酒杯里有一条小蛇在爬动,心里特别别扭;但应郴是他的上司,又是特地请他来喝酒的,他不敢不饮,依然将酒一饮而尽。喝过酒后,他心里十分难受,便找了个借口回家了。

回到家后,杜宣感到肚中有蛇在蠕动,而且腹部疼痛异常,难以忍受,吃饭喝水都很困难,接着就生了一场大病。

家里人请了不少大夫给他看病,让他服用了好多灵丹妙药;

但他的病却并无好转。

过了几天,应郴听说了杜宣生病的事情,并得知他生病的真相,心想:"酒杯里绝不会有蛇的。"于是就到喝酒的地方查看。忽然,北墙上的那张红色的弓引起了他的注意,他立即坐在那天杜宣坐的位置上,拿来一杯酒,也放在了原来的位置上。结果,他发现,酒杯中有弓的影子,不仔细看还真像一条蛇在酒杯里蠕动。

于是应郴再次邀请杜宣来家中做客,让杜宣坐在了原来的位置。杜宣端杯欲饮时又看到杯中有蛇在蠕动①,脸色大变。这时应郴将墙上的弓取下来,让杜宣再看看杯子里还有没有蛇。杜宣一看,杯子里的蛇果然消失了。应郴解释说:"你说的杯子中的蛇,只不过是墙上那张弓的倒影罢了,没有什么其他的东西,现在你可以放心了吧!"

杜宣弄清事实的真相后,疑虑顿消,病就好了。

思考与领悟

杜宣误把弓在酒杯中的倒影当成了蛇,得了一场大病。后来,他看清了事情的真相,心中的疑惑解除,病也就好了。这个故事告诉我们,对某些虚无缥缈、无中生有的事情不要在意,免得自己把自己吓着了。

---

① 蠕动:虫类慢慢爬行的样子。

背井离乡

出处

元·马致远《汉宫秋》:"背井离乡,卧雪眠霜。"

释义

被迫远离家乡到外地谋生。背:离开。井:古制八家为井,引申为乡里、家宅。

典故

元朝的剧作家马致远写过一个凄惨的故事,这个剧作名叫《汉宫秋》,讲述了汉元帝与王昭君的爱情悲剧。汉元帝选美女入宫。因美女太多,元帝无暇一一去看,便让画师毛延寿画出她们的样子。毛延寿却是一个贪赃枉法①的人。他给美人画像前总要索取好处,美人们既怕他在画像上做手脚,把自己画丑,又想让他把自己画得更美,好被皇上看中,纷纷拿出金银细软贿赂他。但美丽的王昭君不想这样讨好他,没有给他任何好处。毛延寿怀恨在心,便把王昭君画得很丑。当汉元帝看到王昭君的画像时,

---

① 贪赃枉法:贪污受贿,违犯法纪。

马上将其打入冷宫①，导致王昭君入宫十年不得宠。

有一天，汉元帝散步时听到了一阵琵琶声，顺着声音见到了王昭君，惊为天人。后来，汉元帝将王昭君封为明妃。在调查清楚王昭君在冷宫的原因后，他下令将毛延寿抓进大牢。谁知，毛延寿竟带着王昭君的真容画像叛逃到了匈奴。毛延寿告诉匈奴单于王昭君有多么漂亮，还怂恿他向汉元帝索要王昭君。匈奴单于听信了毛延寿的谗言，要挟汉元帝用王昭君与匈奴和亲。汉元帝不得不答应他的要求。汉元帝送别王昭君时，大臣们不停地催促王昭君快点赶路，汉元帝非常生气，对他们说道："你们是大臣，应该帮我想办法应对匈奴的威胁，而不是让一个女子去和亲换来和平，如果汉高帝还在，他一定会让你们离开家乡，前往北地。"王昭君出塞行至汉匈交界处的黑江，持酒望南浇奠，拜辞故国，跳江殉节。匈奴单于施救不及，眼见昭君舍身殉节，大受震动，想着昭君已故，何必再与汉元帝结仇；都怪毛延寿搬弄生事。于是，他下令把毛延寿押送回汉朝，交由汉元帝处置，并表示匈奴愿自此与汉朝交好。

马致远的《汉宫秋》将昭君出塞做了文学演绎，曲词优美，广为流传。后来，人们从他的曲词中摘取了"背井离乡"这个成语。

思考与领悟

中华文字、语言艺术源远流长，其中的旷世佳作、千古名句不胜枚举，是举世无双的宝贵财富，每个成语都底蕴深厚，耐人寻味。

---

① 冷宫：失宠后妃的居处。

背水一战

出处

西汉·司马迁《史记·淮阴侯列传》:"信乃使万人先行,出,背水陈。赵军望见而大笑。"

释义

背靠江河作战,没有退路。比喻处于绝境之中,为求生路而决一死战。

典故

韩信所率领的汉军在井陉口①与赵军相遇,两支军队谁也不让谁,就这样对峙了起来。

那个时候驻守在井陉口的是陈馀,他手下的谋士李左车分析了当时的形势,主张一边要堵住井陉口,一边要派一支小队抄小路切断汉军的后勤供给线,这样汉军将士必然会惊慌失措;而且如果韩信没有后援,就一定会失败。但是陈馀认为自己有兵力上的优势,坚持要正面作战。

---

① 井陉口:古代要隘名,九塞之一,在今河北省井陉县北井陉山上。

韩信得知这事后,亲自率队在距井陉口三十余里的地方安营扎寨①。尽管已经是深夜了,但他仍坚持为明天的对战做准备。他特意派一万人马背靠河水驻扎,排列"一"字阵势引诱赵军出战;同时又派两千轻骑兵,每人拿一面红旗,连夜骑马绕到井陉口山背后,等明天两军激战时,趁赵军军营空虚,突袭赵营,趁机拔掉赵军旗帜,换上汉军的红旗。

天亮后,韩信准备妥当,开始从井陉口击鼓攻击,赵王与陈馀率领赵军全面出击,两军厮杀在一起。这边战斗打得正激烈时,那边两千轻骑兵看到赵军留下一个空营,迅速闯进赵营,全部插上了汉军的红旗。

战场上,韩信见难以迅速结束战斗,便率领汉军假装打了败仗,做出撤退的样子,退到河边,与河边的一万军队会合。

赵军追杀汉军来到河边,原想把汉军赶进河里。可是他们万万没想到,此时的汉军后退无路,反而个个以一当十,奋勇拼杀,直把赵军打得溃不成军②。赵国的军队一见汉军势不可挡,回撤赵营,却发现营中到处飘扬着汉军的旗帜,以为汉军占了自己的大本营。顷刻间,赵军军心大乱,一败涂地③。在这场混战之中,赵王被汉军生擒,赵军数员大将被杀,李左车则被汉军俘获。

韩信看到军士押着李左车向自己走来,快步向前,亲自为他松绑,将他奉为上宾。李左车问韩信:"为什么要背水结阵?"韩信

---

① 安营扎寨:部队驻扎下来,亦喻指建立临时的劳动或工作基地。
② 溃不成军:被打得七零八落,不成队伍。形容惨败。
③ 一败涂地:形容彻底失败,无法收拾局面。

说:"只有把军士置于死地,他们才会为求生而拼命搏杀。"

思考与领悟

人在没有了退路的时候,往往会爆发超乎寻常的能力,无所畏惧,勇往直前。相信我们也可以在面对困难的时候,迸发更强大的力量。

奔走相告

出处

春秋·左丘明《国语·鲁语下》:"士有陪乘,告奔走也。"

释义

发生令人欣喜或震惊的重大事件时,人们奔跑着相互转告。

典故

鲁昭公元年(前541),各个国家都派了使者前往虢地(今河南郑州北)会盟。鲁、郑、蔡的使者是最先到的;正当他们闲聊的时候,楚国的使者公子围来了。

他坐的车镶金嵌玉,他的衣着穿戴异常华丽,他的驷车①之后跟着一队贰车②,车队之前有两名身强力壮的持戈护卫开路。

鲁卿叔孙豹说,这公子围是楚恭王的庶子,虽贵为楚国的令尹,但他今天这车服仪仗的排场也太大了,不像大夫,倒像是国

---

① 驷车:驾四马之高车。
② 贰车:副车,供主车差遣。《礼记·少仪》:"贰车者,诸侯七乘,上大夫五乘,下大夫三乘。"

君。郑国上卿罕虎道，还有两个执戈护卫给他开道，真是奇怪，这不是诸侯国君出行的规制么？蔡国盟使公孙归生认为这件事很正常，毕竟楚国是大国，公子围是令尹，手握军政大权，这样的排场不为过。

叔孙豹说：不是的。天子出行，有虎贲军前后仪仗护卫；诸侯国君出行，有旅贲列队左右，夹车随行，车前有执戈者二人开道；大夫出行，车后有副车随行，以供差遣；士人出行，车上有陪乘护卫，帮着跑腿传递消息。这楚公子围今日以大夫之身用国君仪仗，可见有称王之心，否则不会摆出国君的派头来会见别国的大夫。他以后不会甘做楚大夫了。车服，是内心的外显，好比龟甲，内里被灼烤，外面必有裂纹显现。若他做不成国君，必死，不会再以大夫的身份与别国会盟了。

不久之后，当时的楚王熊麇患病，熊围入宫问疾，用帽子上的带子勒死了熊麇，自立为王，即历史上有名的楚灵王。

思考与领悟

熊围弑君夺位证实了叔孙豹的猜测。叔孙豹眼明心亮，从细微之处就看出了一个人的野心。

闭门思过

出处

东汉·班固《汉书·韩延寿传》:"因入卧传舍,闭阁思过。"

释义

关起门来反省自己的过错。过:过失。

典故

西汉年间,汉昭帝在位时(前86—前74),燕人韩延寿任东郡太守。他善于听取部下的劝告,积极采纳好的建议。他在东郡当官三年,号令严明,办案果决迅速,使东郡成为当时全国治安最好的一个郡。

在任的前几年,他从不巡视各县。有一次,一个部下劝他到下面走一走,看看民情,视察一下各地县官的政绩。韩延寿说:"各县都有贤明的长官,督邮也能明辨善恶①。我下去巡视恐怕用处不大,反而增添麻烦。"部下又说:"现在正值春忙时节,下去也好看看农耕之事。"韩延寿听后只好出行。他刚走到高陵

---

① 明辨善恶:清楚明白地分辨善与恶。

县，就有兄弟俩因争田之事直接找他告状。这件事使他感到非常难过，他说："我作为太守，是一郡之长，却不能教化①百姓，以致兄弟骨肉争讼，既伤风化②，又使贤人孝子受辱，责任全都在我，我还是退职让贤吧！"第二天，他就推辞称病，闭门思过，不理政事。地方官员见他这样，也都深感自己的失职。

韩延寿的举动也深深感化了争田地的那兄弟俩，他们两人由互争变为互让，并且主动前来向韩延寿请罪。韩延寿非常高兴，亲自接见，并以酒肉热情款待，勉励他们知错悔过。这样，韩延寿又重新开始管理政事。

这件事使当地百姓和官员都对韩延寿更加敬重。韩延寿接着又巡视了二十四个县，再也没有见到争讼之事发生。

思考与领悟

故事中的韩延寿见到高陵县的两兄弟争抢田地，认为自己身为太守而未能尽到责任，因而羞愧地辞职回家，到家后关门不出，反省自己的过失。这种品质难能可贵，自己有过错也不推诿，其他人受其影响，也开始反思自己的过错。所以，当工作出现失误的时候，不要马上去指责别人，不妨冷静下来，检查自己是否做错了；检讨自己，改正错误，找对方向，以后的工作就会事半功倍。

---

① 教化：教育感化。
② 风化：社会公德和旧习俗。

鞭长莫及

出处

春秋·左丘明《左传·宣公十五年》:"古人有言曰'虽鞭之长,不及马腹'。天方授楚,未可与争;虽晋之强,能违天乎?"

释义

虽然鞭子长,但是打不到马肚子上。后来借指力量达不到,力所不及。

典故

鲁宣公十四年(前595),楚庄王派申舟出使齐国。申舟赴齐的路上要经过宋国,楚庄王仗着国力强盛,告诉申舟不用向宋国借路。申舟说:"如果不借路,宋国人会杀了我的。"

楚庄王傲慢地回答:"宋国人要是杀了你,我就派兵去攻打他们!"

申舟只能遵旨行事,不借道而过宋。这样的做法果然把宋国人气坏了!宋国人觉得受到了侮辱,真的把申舟给杀了。楚庄王听到这个消息后，暴跳如雷①，当即发兵攻打宋国，很快就把宋国的都城围住了。

双方僵持了好几个月，可是楚国还是没有取胜。第二年春天，宋国派使者去晋国求援。

晋景公本来想派兵去救宋国，但是大夫伯宗说："大王，我们不能出兵啊！古人有句话是'鞭子虽然长，但也到不了马腹'。现在楚国强盛，正受着上天的保佑呢！我们不能与其相争。虽然晋国也很强大，但能强大到违抗天意吗？江河湖泊容纳污泥浊水，山林草丛暗藏毒虫猛兽，美玉也不免隐有斑痕；国君也会有忍辱负重之时，这是天道使然。您还是等等看吧。"

景公觉得伯宗的话很有道理，就没有派兵去支援。

思考与领悟

晋国虽然也比较强大，但若为帮助宋国与楚国对抗，还真是鞭长莫及，力有不逮。当我们的能力还比较弱的时候，不妨先忍耐；盲目逞强，只会让自己陷入绝境。

---

① 暴跳如雷：跳着脚喊叫，像打雷一样，形容大怒的样子。

变化无方

出处

晋·陈寿《三国志·魏志·袁绍传》:"曹公善用兵,变化无方,众虽少,未可轻也,不如以久持之。"

释义

变化多端,没有规律可循。

典故

袁绍和曹操从小就是好朋友;可是后来为了争夺天下,两个人就从无话不谈的好朋友变成了不共戴天①的仇人。起初,袁绍、曹操的共同敌人是董卓。董卓要废除东汉,自立王朝;袁绍便逃离长安,在渤海郡②招兵买马,建立起军队,自封"车骑将军"。曹操成为袁绍管辖下的奋武将军,带领几千人马。

董卓出关向袁绍进攻时,袁绍手下有十多万人,却不敢应战。曹操说:"我们招兵买马是为了停止暴乱,既然联军已经组

---

① 不共戴天:不愿和仇敌在一个天底下并存,形容仇恨极深。
② 渤海郡:西汉置郡,在今天河北省、辽宁省的渤海海湾沿岸一带。

成,那么我们可以凭借这一场战役平定天下,机不可失,时不再来啊!"最后只有曹操带着几千人的军队在荥阳^①跟卓将徐荣交战,因众寡悬殊^②,打了个大败仗。

董卓死后,曹操的力量日渐强大,中原一带便出现了袁绍、曹操双雄争霸的局面。袁绍率精兵十万,准备攻打曹操大本营许昌。

刘备占领徐州响应袁绍,曹操攻打刘备,这时谋士田丰劝袁绍进军。

袁绍说:"我儿子大病未愈,等他病好了再发军也不迟。"

田丰说:"现在正是战乱的时候,因为孩子生病而丢失了良机,多可惜啊!"

曹操击败刘备,袁绍率军从冀州出发,到达了黎阳,派颜良先渡河作战。沮授说:"颜良英勇却不会变通,不适合当先锋。"袁绍坚持自己的想法,后来颜良被斩于马下。

袁绍另一大将文丑沿河追击主动撤退的曹军,却在延津被曹军杀了个回马枪,于是连文丑也阵亡了。

曹军撤退到官渡。刚开始的时候袁军赢了几次,袁绍便骄傲地对沮授说:"你们谋士就是怕这怕那的,渡江之前,田丰也劝过我,说是曹操善于用兵;但我也是身经百战,你看,现在不是赢了嘛!"

后来,由于袁绍多次不听取谋士的建议,在官渡之战中,曹操火烧乌巢,断了袁绍的粮草,袁军彻底失败。

---

① 荥阳:象棋上的"楚河汉界"的发源地,中国古代的军事重镇。
② 悬殊:相差太多。

思考与领悟

俗话说"机不可失,时不再来",意思就是要抓住有利的时机,然后给予敌人痛头一击。像袁绍这样不懂得抓住时机,原本胜券在握,最终却兵败如山倒,无疑是可悲的。这也充分说明了抓住时机的重要性。

兵强马壮

出处

北宋·欧阳修《新五代史·安重荣传》:"尝谓人曰'天子宁有种耶?兵强马壮者为之尔'。"

释义

形容军队实力强,富有战斗力;也用于形容组织、团队等的成员个个实力不凡。

典故

后唐时期,安重荣的父亲在边疆手握重兵。一个叫石敬瑭的人在太原起兵造反,他派副将张颖偷偷地去找安重荣,想要拉拢他一起谋反。安重荣的母亲和哥哥觉得这件事情太冒险了,想要杀死张颖,以防安重荣动了谋反的心思。

安重荣也在左右为难,他在花园百步之外的木桩上插了一支箭,仰头对天说:"如果石公日后真能成为天子,那就让我一箭射中目标吧!"果然,百步之外的箭一下被射断了。安重荣在那里又插上了一支箭,又对天说:"如果我投奔石公后能够成为节度使，就让第二箭也命中吧！"只听"嗖"的一声，第二支箭竟然也被射断了！于是，他下定决心，投奔石敬瑭。

不久石敬瑭登基，称晋高祖。安重荣也如愿以偿①，成了德军节度使。但是石敬瑭在契丹皇帝面前低三下四②，还自称"儿皇帝"，这让安重荣火冒三丈！

吐浑一族因为受不了契丹人③的迫害，就从塞外来投奔安重荣。契丹皇帝知道了，就让晋帝下旨命安重荣交出这些吐浑人。安重荣觉得受到侮辱，说："天子难道都是天生的吗？兵强马壮的统帅也能当天子！"

幽州节度使也积极响应他，准备一同起兵谋反。安重荣率大军向汴京出发，但是由于前锋的叛变，他"兵强马壮"的军队实力被大大削弱，最后被晋军给杀了。

思考与领悟

天子并非天生，拥有强大军队的统帅也能称王称霸。虽然安重荣最后失败了，但他胆气过人，有不屈服的傲气。在古代乱世之中，谁兵强马壮，谁就有底气跟当权者一争高下。

---

① 如愿以偿：按所希望的那样得到满足，即愿望达成。偿：实现、满足。
② 低三下四：形容地位卑贱，低人一等；也形容卑躬屈膝讨好人的样子。
③ 契丹人：中国古代的一个民族，四至五世纪时在今辽河上游游牧。

病入膏肓

出处

春秋·左丘明《左传·成公十年①》:"疾不可为也,在肓之上,膏之下,攻之不可,达之不及,药不至焉,不可为也。"

释义

形容病情十分严重,无法医治,亦喻指事情到了无法挽救的地步。膏肓:古代医者将人体的心尖脂肪称作"膏",将心脏与膈膜之间称作"肓"。

典故

春秋时期,晋景公(前559—前581在位)得了重病,他听说秦国有一个医术很高明的医生,便专程派人去请。

医生还没到时,晋景公恍惚中做了个梦,梦见两个小孩儿正悄悄地在他身旁说话。

一个说:"那个高明的医生马上就要来了,我看我们在劫难

---

① 成公十年:前581年。成公,鲁成公。

逃①了，我们躲到什么地方去呢？"

另一个说："这没什么可怕的，我们躲到肓的上面，膏的下面，无论他怎样用药，都奈何不得我们。"

不一会儿，秦国的名医到了，立刻被请进去为晋景公诊治。诊断后，那医生对晋景公说："疾病在肓之上，膏之下，用灸法治不行，扎针又达不到，吃汤药其效力也达不到，这病实在是没办法治了。"晋景公听了，心想：这位医生所说，和自己梦中那两个小孩的对话分毫不差。他点了点头说："你的医术真高明啊！"说毕，叫人送了一份厚礼给医生，就让他回秦国去了。

思考与领悟

晋景公的病无药可救，是因为发现得太迟了。今后，我们不管做什么事情都要认认真真，不能马虎。如果发现问题，要及时纠正，及时处理，千万不要让问题越来越大，变成不可收拾的局面。

---

① 在劫难逃：旧时迷信的人认为命里注定要遭受的灾难是无法逃脱的。现有时也用来喻指某种灾祸不可避免。

不可多得

出处

东汉·孔融《荐祢衡表》:"若衡等辈,不可多得。"

释义

形容非常稀少,很难得到。

典故

东汉末年,有一个叫祢衡的文士,博学多才,善于论辩,因此也相当骄傲。名士孔融很欣赏他,还专门写荐表把祢衡推荐给汉献帝。荐表里就有"不可多得"这样赞美的话。随后,汉献帝把荐表给了曹操,让他做主。

曹操接见祢衡时,祢衡言行不当,得罪了曹操。曹操心中恼火,便打发他去当鼓吏,还故意在宴会上让祢衡当众表演击鼓,以此羞辱他。没想到,祢衡利用这个机会,一边击鼓一边暗讽曹操,曹操更气恼了,想把祢衡杀了,但又害怕影响自己的声誉。于是,他想了个办法,让祢衡去荆州劝刘表投降。如若刘表不降，即可名正言顺①地杀了祢衡。

祢衡到了荆州，刘表把他当上宾对待。日子久了，刘表也厌恶他骄傲的态度，就把他派到江夏太守黄祖那里当书记去了。

有一次，黄祖的长子黄射宴请宾客，有人献给他一只鹦鹉，黄射特别喜欢，就请祢衡作一篇关于鹦鹉的赋。祢衡博学多才，略想了一下，便奋笔疾书②，不一会儿就写完了。这就是他的代表作《鹦鹉赋》。

有一天，黄祖在船上宴客，因为言语不和，祢衡当着大家的面大骂了他。黄祖气极了，命人把他拉上岸处死。过了一会儿，黄祖觉得自己这样做太过火，急忙赤脚上岸去救祢衡，可还是迟了一步。就这样，一个才子的生命结束了，年仅二十五岁。

思考与领悟

祢衡是不可多得的才子不假，但他恃才傲物，这也是他总被上官厌弃的重要原因。这个故事告诉我们，不管你有怎样的才能，做人都要不骄不躁，谦虚好学，与人交往要亲切友善。如果祢衡能够认识到自己的不足，也许能创作更多的传世名篇。

---

① 名正言顺：说话合理名分正当。后多指说话做事理由正当而充分。
② 奋笔疾书：精神昂扬地挥笔快速书写。

不自量力

出处

春秋·左丘明《左传·隐公十一年①》:"不度(duó)德,不量力,不亲亲,不征辞,不察有罪,犯五不韪(wěi)而以伐人,其丧(sàng)师也,不亦宜乎!"

释义

不能正确估计自己的力量,高估了自己。也说自不量力。量:估量。

典故

春秋时期,息国的国土面积很小,人口数量也非常少。与息国相邻的国家是郑国,郑国是一个非常大的国家,息国与它相比,真是差得太远了。

有一次,这两个国家产生了矛盾,双方都不肯让步,矛盾激化。息国国君脾气不好,大声嚷道:"即使郑国是个大国,我也不会怕它,我要派兵去攻打它!"有个大臣劝阻他,但是,息国

---

① 隐公十一年:公元前712年。隐公,鲁隐公。

国君根本听不进去。

息国国君一意孤行调集人马去攻打郑国。可是，出兵不久，息国就被郑国反击得非常惨。更糟糕的是，楚国趁着反攻将息国给吞并了。有识之士认为，是息国自不量力，才使自己走向了灭亡。

思考与领悟

螳螂举起前肢能阻挡车子前进吗？当然不能。所以，息国与郑国打仗，注定会失败；因为息国的力量太弱小了，而息国国君又没有正确估计本国的实力，必然走向灭亡。这也告诫我们，什么事都要有自知之明，量力而为，才能在成长的道路上越走越顺畅①。

---

① 顺畅：顺利通畅。

C

才高八斗

出处

唐·李延寿《南史·谢灵运传》:"天下才共一石,曹子建独得八斗,我得一斗,自古及今共用一斗。"

释义

称誉或形容他人的知识渊博、才学高深。

典故

南朝谢灵运,是中国历史上第一位山水诗人,一生写了大量山水诗。他自幼便聪明好学,读了很多书,颇受祖父谢玄喜爱。长大以后,谢灵运不仅写诗写文章出色,在书法上也有很深的造诣①。

宋文帝很赏识他的文学才能,特地将他召回京都任职,并把他的诗作和书法称为"二宝",常常要他边侍宴,边写诗作文。但宋文帝并没有让他担任国家重职。谢灵运自叹怀才不遇②,

---

① 造诣:学业、专门技术等达到的水平、境地。
② 怀才不遇:胸怀才学但生不逢时,难以施展。多指屈居微贱而不得志。怀:怀藏。才:才能。

常常丢下公务不管，去游山玩水。后来，谢灵运干脆辞去官职回到家乡，寄情于山水之间，沉醉于自然之中。他头戴方巾，身穿粗布衣服，脚蹬木屐，率性而为，凭兴而作，写下了许多绝妙的好诗。

他的诗艺术性很强，尤其注意形式美，很受文人雅士的喜爱。他的诗篇一经传出，就引得人们竞相抄录，相互传看。有人当面称赞他说："谢公，您才华盖世①，卓然不群②，真是让人羡慕啊！"谢灵运哈哈大笑，说："魏晋以来，天下文才共有一石③，曹子建④独占八斗，我得一斗，天下其他人共分一斗。"

成语才高八斗便由此而来，形容一个人的文才极高。

> **思考与领悟**

故事中谢灵运的才华让我们很是羡慕和钦佩，这跟他从小聪明好学、喜欢读书是分不开的。我们也要像谢灵运那样，从小刻苦学习，多读书，成为一个才高八斗的人。

---

① 才华盖世：才能很高，远远超过当代的人。
② 卓然不群：超出常人。
③ 一石：古代计量单位，一石等于十斗。
④ 曹子建：曹植。

草木皆兵

出处

唐·房玄龄等《晋书·苻坚载记》:"坚与苻融登城而望王师,见部阵齐整,将士精锐;又北望八公山上草木,皆类人形,顾谓融曰'此亦劲敌也,何谓少乎?'怃然有惧色。"

释义

见到风吹草动都以为是敌兵,形容紧张惶恐、疑神疑鬼的样子。

典故

相传在东晋时期,前秦的皇帝苻坚征集了八十万大军迫临淝水①,准备攻占东晋领土。

晋朝的大将谢石、谢玄两兄弟带领八万人的军队前去抵抗。苻坚听说晋朝的军队很少,就采取了非常猛烈的攻势;结果谢玄的手下刘牢之杀死了苻坚的大将梁成,率军灭了前秦军士一万多人。这个时候,苻坚站在城池上,看见晋军严整的队伍,竟突然

---

① 淝水:淝河,也叫"肥水"。源出肥西、寿县之间的将军岭。

胆怯①起来。他远远看见八公山上的草和树木，用手指着那些树木，对站在一旁的弟弟苻融说："这果然是强有力的敌人，晋国的军队这么多人啊！"最后苻坚被谢玄打得大败。苻融阵亡，苻坚中箭受伤逃跑。他在逃跑的途中，心惊胆战，一听见风声，就以为是晋兵追来了。

> **思考与领悟**

将军带兵打仗，最不该发生的事就是自乱阵脚；若主将心慌怯战，必然导致军心不稳，影响整个军队的战斗力。因此，我们面对困难时，必须要沉着冷静，从容应对。

---

① 胆怯：胆小怯懦。

乘人之危

出处

南朝·宋·范晔《后汉书·盖勋传》:"谋事杀良,非忠也;乘人之危,非仁也。"

释义

趁着别人有危难时要挟、迫害。也作"趁人之危"。

典故

东汉时,汉阳郡有一个长吏①叫盖勋,为人非常正直。那个时候,凉州刺史梁鹄和盖勋是非常好的朋友,盖勋经常帮助梁鹄。

扬州其他几个郡的官吏都非常腐败。当时的武威太守仗着自己在朝廷有后台经常欺负百姓,百姓苦不堪言②。

梁鹄有一个非常正直的手下叫苏正和。苏正和看不惯那些贪官污吏,就依法查办了他们。

梁鹄知道后担心苏正和会连累自己,便纠结着要不要杀了苏

---

①长吏:地位较高的县级官吏。
②苦不堪言:痛苦或困苦到了极点,已经不能用言语来表达。

正和来保全自己的地位。于是，他找盖勋商量这件事。

盖勋和苏正和一直都不和，有人建议他趁这个机会除掉苏正和，但是盖勋果断拒绝了。他认为因一己之私在别人危难之际去伤害一个正义的人，这是不忠和不仁的做法。他不能落井下石[①]。

盖勋对梁鹄说："人们养鹰鸟，就是为了让它们能更勇武地为主人办事，现在鹰鸟已经成长起来，而且变得很勇武了，但是主人却因为它的帮忙而要杀掉它，那么养它又有什么用呢？"

梁鹄听懂了盖勋的意思，便放弃了杀掉苏正和的想法。苏正和知道了这件事，非常感谢盖勋，想要登门道谢，但是盖勋却不见他。盖勋说他劝阻梁鹄不杀苏正和，这是公事，与私事无关，与恩怨也无关。

思考与领悟

对于盖勋而言，他没有对那些曾经令他厌恶的人落井下石，这是他良好的品质。很多事情都要就事论事，不能因为个人私怨而公报私仇。

---

① 落井下石：看见人要掉进陷阱里，不伸手救他，反而推他下去，又扔下石头。比喻乘人有危难时加以陷害。

沉鱼落雁

出处

战国·庄周《庄子·齐物论》:"毛嫱、丽姬,人之所美也;鱼见之深入,鸟见之高飞,麋鹿见之决骤,四者孰知天下之正色哉?"

释义

鱼见之沉入水底,雁见之降落沙洲。形容女子容貌美丽。

典故

春秋时期,吴越两国之间发生了战争。吴国兵强马壮,很快就打败了越国,并把越王勾践以及越国宰相范蠡关押起来,当作人质。

勾践想方设法①,历经千辛万苦回到了越国,选了一个绝色美人西施送给了吴王夫差。吴王夫差被西施的美貌迷得魂颠梦倒②,对西施百依百顺③,整天和她在一起,不思朝政,不理国事,即使

---

① 想方设法:想尽种种办法。
② 魂颠梦倒:精神恍惚,颠三倒四,失去常态。
③ 百依百顺:形容一切都顺从别人。

有人觐见①也不接见。就这样，吴国的国力越来越差了。

西施的出现，还离间了吴王夫差和吴国大将伍子胥的关系，削弱了吴国的军事力量，间接导致了吴国的灭亡。

关于西施有很多的传说。传说她在溪边浣纱②的时候，鱼儿们看到她的美貌自惭形秽③，纷纷沉入了水底，这就是沉鱼。

另一个传奇女子就是西汉的王昭君。王昭君在进宫的时候没有给画师好处，所以被画得很丑，一直没有机会见到皇上。

那个时候，西汉和匈奴经常打仗。到了竟宁元年（前33），匈奴主动称臣，提出用和亲的方式换得两国之间的安宁。王昭君听说了这件事以后，为了两国的和睦和老百姓的平安幸福，自请和亲④。

据说王昭君出塞途中，天上的大雁看见了她的美貌都倾慕不已，从天上掉了下来，这就是落雁。

思考与领悟

西施和王昭君都有沉鱼落雁的美貌。西施用自己的美貌和魅力让吴王不再关心国家大事，甚至亡国，于越国的百姓有功。王昭君心胸广阔，为了国家和平安定，自愿嫁到遥远的异国他乡。两人传世的"美"名，不仅是因容貌之美，更因舍生取义的奉献之美。

---

① 觐见：朝见君主。
② 浣纱：洗衣服。引申代指西施。
③ 自惭形秽：因为自己不如别人而感到惭愧。
④ 和亲：中原王朝统治者与周边少数民族或者各少数民族首领之间出于各种各样的目的而达成的政治联姻。

程门立雪

出处

元·脱脱、阿鲁图等《宋史·杨时传》："一日见颐，颐偶瞑坐，时与游酢侍立不去。颐既觉，则门外雪深一尺矣。"

释义

比喻求学心切和对有学问的长者的尊敬。旧指学生恭敬受教，现指尊敬师长。

典故

宋朝有个著名的学者叫杨时，他精通史学，能文善诗，人称"龟山先生"。宋神宗时，杨时中了进士。当时河南的程颢与弟弟程颐很有名望，四方之士争相求教。为了继续求学，杨时辞去官职，慕名①到程颢门下求教，钻研学问。后来，程颢去世，杨时很悲痛。为了进一步深造，他又拜程颐为师，此时他已经四十岁了。

一天中午，杨时与学友游酢对某个问题有不同的看法，为了

---

① 慕名：仰慕名声。

求得一个正确答案,他俩一起去找老师请教。来到程颐家时,程颐正在午睡,为了不影响老师休息,他们俩就不声不响地站在门外等候。

这时天空下起了鹅毛大雪,杨时和游酢站在外面,手脚都快冻僵了;可是他们求学心切,仍旧不肯离开,更不愿进屋影响老师休息,就一直站在门外。过了许久,程颐一觉醒来,从窗口发现了风雪中的两人,赶忙起身请他们进屋。两个人这才掸去身上的积雪,走进了程颐的家门。这时,门外的积雪已有一尺多厚,杨时和游酢站过的地方,留下了两对深深的脚印。

思考与领悟

一次,杨时和游酢去老师家请教问题,恰逢老师小憩。他们不想打扰老师,便在门外等候。偏天公不作美,下起了鹅毛大雪。恶劣的天气并没有打消他们求学的热情,当他们被老师请进大门的时候,积雪已有一尺多厚。这种尊师重道[①]的做法值得我们学习;一个人要持虚心的态度对待学习,才能不断进步。在虚心求学的同时,还要懂礼貌,彬彬有礼才会得到众人的肯定。

---

① 尊师重道:尊重老师,尊重其所传之道。

乘风破浪

出处

南朝·梁·沈约《宋书·宗悫①传》:"悫年少时,(叔父)炳问其志,悫曰'愿乘长风破万里浪'。"

释义

船只乘着风势破浪前进。比喻志向远大,不畏艰险,勇往直前。

典故

在南北朝的时候,宋国有位名将,叫宗悫。他从小习武,很喜欢舞枪弄棍。在宗悫哥哥成亲的当晚,来了一群盗贼,宗悫一个人就把十几个盗贼打得落花流水②!

小宗悫不仅武艺高强,还有着远大的志向。他的叔父问他以后想干什么,他果断地说:"愿乘长风破万里浪。"从小就这么有志气,真是让人佩服啊!

---

① 宗悫(què):南朝宋名将。
② 落花流水:原形容暮春景色衰败。后常用来比喻被打得大败。

长大以后,宗悫当了兵。有一次他所在的部队去攻打临邑。临邑军用十几头大象作战,这可不是普通的大象,它们都身披铠甲!见到此景,宗悫说:"敌人用大象,我们就用狮子!狮子是百兽之王,大象一定会被吓退。"士兵们扮成狮子,又蹦又跳,果然把大象吓得到处乱跑。就这样临邑被攻下来了,智勇双全的宗悫,很快就升任将军,实现了他的志向。

思考与领悟

宗悫从小就志向高远,长大后奋力杀敌,如愿成为一名大将军。现在的学习环境很优越,我们更应该好好学习,像宗悫那样,拥有远大的理想和目标,不畏困难,奋勇前进,为我们伟大祖国的安定繁荣出一份力。

初出茅庐

出处

明·罗贯中《三国演义》第三十九回:"直须惊破曹公胆,初出茅庐第一功。"

释义

原意是初次崭露头角①。现比喻刚进入社会或刚到工作岗位上来,缺乏经验。茅庐:草房。

典故

三国时期,曹操派夏侯惇率十万大军在新野围杀刘备。刘备当时人马数量非常少,形势非常严峻。

刘备和各位将领商讨对策,张飞提议让军师去退敌。刘备当初三顾茅庐②,请出了诸葛亮作军师。刘备相信诸葛亮的能力,便把宝剑和帅印交给了诸葛亮,张飞此时对这位新来的军师并不服气,颇有微词。

---

① 崭露头角:比喻突出地显露出才能和本领(多指青少年)。
② 三顾茅庐:常用来比喻真心诚意,一再邀请或拜访有专长的贤人。

诸葛亮命关羽和张飞分别带一千人马埋伏在山谷里，让他们以火为信号，一旦看见火起，就马上烧掉曹军的粮草；还命令另外五百人准备好放火的东西，等曹军到了便点火。随后他命令赵云去诱敌，并让刘备带领一些人，时机一到，便冲上去杀曹军。

当赵云诱使夏侯惇带着军队走到博望①的时候，刘备突然带着军队出来迎敌，随即又和赵云一起撤退。这时的夏侯惇更加兴奋了，穷追不舍。

入夜，夏侯惇带着军队追到了一个森林里，这时他的手下于禁提醒他一定要防备火攻。夏侯惇马上意识到中计了，急忙下令撤退，可是已经来不及了。他们的后方突然传来一阵喊杀声，回头一看火势已经烧到了前面来了，火借着风势越烧越大，将士死伤无数，夏侯惇冒着大火四处逃窜。此时，关羽和张飞带着军队两面夹攻曹军。曹军大败。

思考与领悟

诸葛亮是一个非常聪慧的人，当别人小瞧他的时候他并不在意，只用实际行动证明自己，这就说明他是一个实事求是的人。舆论的力量也许很可怕，但是只要自己足够强大，就不用担心别人的看法了。

---

① 博望：今河南省南阳市方城县博望镇。

出尔反尔

出处

战国·孟轲《孟子·梁惠王下》:"出乎尔者,反乎尔者也。"

释义

原意是你怎么做,就会得到相应的后果。现指人的言行反复无常,前后自相矛盾。尔:你;反:通"返",回。

典故

战国时期,邹国和鲁国大战了一场,邹国战败,三十多名官吏被鲁国人杀死了。奇怪的是,邹国的老百姓没有人去支援邹国的军队。

邹穆公知道了这件事,非常恼怒。这时正好孟子到邹国,邹穆公就问孟子:"在这次战争中,邹国的老百姓眼看着邹国的官吏们被杀却袖手旁观①,真是可恨!要是把他们杀了吧,他们人又太多;要是不杀吧,以后再这样,更没有人去营救了,这种风气

---

① 袖手旁观:把手笼在袖子里,在一旁观看;比喻置身事外,既不过问,也不协助别人。

实在要不得。您说我该怎么办呢?"

孟子问道:"您知道为什么会这样吗?"邹穆公说:"不知道。"孟子说:"在闹灾荒的时候,邹国的百姓们没法生活,年轻力壮的外出逃荒;年老的、身体弱的就死在路上,尸体丢在山沟荒野之中。而您的粮仓里储满了粮食,衣食不缺;可您的属下却不把灾情告诉给您,他们不但不赈济①灾民,反而加紧搜刮,残害百姓。老百姓怎么能不恨这些官吏呢?他们遇到危险的时候,老百姓自然不会营救。曾子有言'戒之戒之,出乎尔者,反乎尔者也'。所以说,您也不要怨恨那些老百姓。如果您实行仁政,爱护百姓,那么老百姓也会爱护您和您的官吏,在危险的时候甚至会牺牲自己的生命。"

邹穆公听了豁然开朗②,从此勤政爱民,整顿吏治,邹国便渐渐强盛起来。

思考与领悟

人和人之间的交往都是互相的,你如何对待别人,别人也会用相同的方式对待你。所以,我们一定要真诚待人,在别人危难的时候尽自己所能伸出援手。这看似在帮助别人,其实是在帮助自己。

---

① 赈济:用财物救助。
② 豁然开朗:从黑暗狭窄变得宽敞明亮,比喻突然领悟了一个道理。

出奇制胜

出处

春秋·孙子《孙子·势篇》:"凡战者,以正合,以奇胜。故善出奇者,无穷如天地,不竭如江河。"

释义

出奇兵战胜敌人,比喻用对方意料不到的方法取得胜利。奇:奇兵,奇计;制:制服。

典故

春秋时期,燕国和齐国之间争战不休。燕国有一名大将叫乐毅,他英勇善战,率领燕国军队接连攻下了齐国七十多座城池,最后齐国只剩下即墨这一座城了。

齐国有个人叫田单,是齐国临淄的一名小吏,虽然他精通兵法,足智多谋,但是齐国朝廷并没有注意过他。乐毅率兵攻打齐国时,他逃往安平。到了安平,他就让家人把车子改装加固,把车轴两端突出的部分锯掉,并包上铁皮。不久,安平也被乐毅攻破。齐国百姓纷纷逃亡,争先恐后逃出城,路上拥挤不堪,许多车子的轴头被撞断，车上的人没了交通工具走不快，都被燕军俘虏了。只有田单家的车子，因为经过改装，没有被撞断，他们一家人安全地逃到了即墨城。可是，很快乐毅又带兵把即墨城包围，即墨城的将军战死。万分紧急的关头，即墨城守军推举足智多谋的田单为将军。田单率军死守即墨。乐毅久攻不下。

后来，燕国的国君去世，他的儿子燕惠王即位。燕惠王为太子时，与乐毅有过矛盾，现在他当了国君，便立即撤了乐毅的职，调乐毅回国，并派大将骑劫接替了他。乐毅被无故撤职，燕国军队的士气低落。田单趁机派人混进燕军内部，散布流言说："齐军最怕的是被燕军割下鼻子，如果燕军进攻即墨城，把割去鼻子的俘虏摆在队前，即墨城一定不攻自破。"

骑劫听了果然割去了几个被俘齐兵的鼻子，但他哪知道这是田单的计策呢！守城的齐军看到自己的同袍被割去鼻子，非常气愤，守城的意志更加坚定。接着，田单又派人散布流言说："齐国人最担心的是燕国人挖我们城外的祖坟，糟蹋我们的祖先。"燕国人信以为真，把城外所有的坟墓都挖开，并焚烧尸骨。即墨城内的军民目睹了燕军的暴行，义愤填膺，决心跟燕军死战到底。田单看到自己的军士斗志昂扬，心中暗喜。后来他又使出骄兵之计，令燕军士气越发懈怠。

田单看到时机已经成熟，就命令士兵把城里的一千多头老牛集中起来，给它们穿上大红色的衣服，在衣服上画着五颜六色①的蛟龙图案，往牛角上捆绑锋利的尖刀，在牛尾巴上绑紧浇满油的芦苇。这天夜里，田单下令把牛尾巴上的芦苇点着，很快牛被火

---

① 五颜六色：形容色彩复杂或花样繁多，引申为各色各样。

烫到发疯，吼叫着拼命往燕军的阵营冲去。燕军从睡梦中惊醒，看到这一大群五彩怪兽，被吓得手足无措，阵脚大乱。此时，跟在牛群后面的齐国精兵，迅速冲入燕军阵营，勇猛冲杀。与此同时，齐军又在城楼上擂鼓呐喊，喊杀声震天动地。燕军士兵有的被牛撞死、踢死，有的被齐兵砍死，燕军主帅骑劫也被杀死。燕军没有了主帅，仓皇逃窜[①]。田单率兵奋力追击，一路收复失地，夺回了被燕军占领的七十多座城池。

思考与领悟

田单利用火牛阵出其不意地战胜了敌人，可见他足智多谋。我们在生活中遇到困难，也要善于思考，用巧妙的方法来解决问题。

---

① 仓皇逃窜：慌慌张张地外出逃跑。

出人头地

出处

北宋·欧阳修《与梅圣俞书》:"老夫当避路,放他出一头地也。"

释义

高人一等,形容德才超众或成就突出。

典故

在苏东坡很小的时候,他的母亲程氏就开始教他读书。有一次,他读《范滂传》,想到忠心耿耿的范滂,为了跟祸害朝政的宦官做斗争,最后冤死狱中,禁不住感叹。他问母亲:"以后,如果我像范滂一样,娘能同意吗?"

母亲回答他:"你能做范滂那样的人,难道我就不能做范滂母亲那样的人吗?"

苏东坡快到二十岁的时候,学识已经非常渊博了。嘉祐二年(1057),苏东坡参加礼部组织的考试,他在文章中谈到朝廷的刑律不应只是惩治贪官污吏,更要奖赏忠厚的官员。主考官欧阳修看到后非常惊喜,想要把他评为第一名,但又怀疑是自己的门客曾巩写的，为了避嫌，把他定为第二名。接着苏东坡用《春秋》的义理来复试，考了第一。

后来，皇帝在金銮殿亲自出题，苏东坡又一举高中！之后，他便拿着自己写的文章拜见欧阳修。欧阳修笑着对梅圣俞说："我们应当给他一个机会，他将来一定会出人头地的！"在场的人都不相信这个年轻人如此博学，可是随着时间的推移，大家终于信服了。

思考与领悟

苏东坡以"做和范滂一样的人"为目标，经过多年的学习积累，才能有如此高的才能，在众多的考生中脱颖而出[①]。所以，想要出人头地，首先要做足准备，勤奋踏实地学习，才有才华可施展，才能赢得他人的信服和尊敬。

[①] 脱颖而出：锥尖透过布囊显露出来，比喻本领全部显露出来。颖：尖子。

出言不逊

出处

西晋·陈寿《三国志·魏书·张郃传》:"郃快军败,出言不逊。"

释义

说话态度傲慢,粗暴无礼。逊:谦让,恭顺,有礼貌。

典故

三国时,张郃是袁绍手下的一员大将。有一次,曹操率兵攻打乌巢,形势很危急。张郃劝谏袁绍说:"曹操士兵虽然比我军少,但都是精兵,万一淳于琼守不住乌巢就糟了,我们现在应该派重兵支援乌巢。"

袁绍的另一员大将郭图却说:"不行,这不是好的计策。我们应该趁机攻击曹操大营,曹操看到营地受敌,必然会撤兵回防,乌巢也就不救自解了。"张郃不同意郭图的意见,说:"曹操的营地易守难攻,不会很快攻下的。但是一旦淳于琼被捉住,我们的粮草就断了,那就获胜无望了。"

袁绍觉得他的兵力远胜过曹操,于是采纳了郭图的意见,派重兵袭击曹军大营，只用一小股兵力去援救乌巢。结果曹营不但没有攻下，就连淳于琼也被曹操打败，曹操还用大火烧了袁绍的粮草。至此，袁绍的军队溃败而逃。

郭图觉得很羞愧，但是又不愿承认自己的错误，他就诬陷张郃："我们这次失利，他却显得十分得意。你看张郃这个人多么傲慢，他出言不逊，不把别人放在眼里，而且连你也不服。"

袁绍听了这些挑拨的话，对张郃十分不满。张郃也看出在袁绍手下做事不会有好结果，便投奔曹操去了。

思考与领悟

袁绍这个人做事不果断，听信谗言，不辨忠奸；张郃有智谋，却无人识；郭图技不如人，还诬陷他人。张郃并非出言不逊，只是性子耿直，话语直白。所以，在给他人提出意见时，应当委婉一些，讲究方式、方法，方能取得更好的效果。

D

大材小用

出处

西晋·石崇《许巢论》:"盖闻圣人在位,则群材必举,官才任能,轻重允宜,大任已备,则不抑大材使居小位;小材已极其分,则不以积久而合处过材之位。"

释义

把大的材料当成小的材料用,比喻任用不当,浪费人才。

典故

辛弃疾是南宋时期的爱国词人,曾拜当时著名的田园诗人刘瞻为师。

有一次,刘瞻问他的志向,辛弃疾说:"我要用词写尽天下的贼,用剑杀尽天下的贼!"

金人南侵后,二十一岁的辛弃疾投笔从戎①,在家乡组织起义军,配合朝廷的军队抵抗金人入侵。他长期转战于大江南北,作战非常勇敢。但是由于他坚决主张抗金,四十三岁时,被朝中的

---

① 投笔从戎:文人从军。

主降派弹劾，被免职，长期赋闲在家。

宋宁宗嘉泰三年（1203），辛弃疾被任命为知绍兴府兼浙东安抚使。这时的辛弃疾已经六十四岁了！第二年春天，宋宁宗招辛弃疾进京，询问他对北伐金国的意见。他的好朋友陆游知道后非常高兴，就写了一首诗送给他。其中有两句是"大材小用古所叹，管仲萧何实流亚"。陆游把辛弃疾比作管仲、萧何那样的英雄人物，现在让他当浙江东路安抚使，实在是把大材料用在了小地方，以此来鼓励他为恢复中原继续努力！

思考与领悟

辛弃疾能文能武，是一个非常优秀的人，却只能赋闲在家，做着一些和他的才干不相配的事情，壮志难酬[①]。我们要学会合理地利用身边的资源，做到物尽其用，千万不要错误地将"大材"拿去"小用"呀，这是很可惜的事情。

---

① 壮志难酬：远大的志向难以实现。

大公无私

出处

战国·吕不韦及其门客《吕氏春秋·去私》："善哉，祁黄羊之论也，外举不避仇，内举不辟子，祁黄羊可谓公矣。"

东汉·班固《汉书·贾谊传》："为人臣者，主而忘身，国而忘家，公而忘私。"

释义

办事公正，没有私心。现多指从集体利益出发，不计个人得失。

典故

春秋时期的祁黄羊是一个公事公办，不掺和个人私情的人。

有一次，晋平公询问祁黄羊："现在南阳县令的职位空缺，你有没有推荐的人选？"

祁黄羊说："解狐如果去了，一定能够做好！"

晋平公十分惊讶，说："我万万没想到你会推荐此人，他不是与你有仇吗？"

祁黄羊说："我只是回答了谁合适的问题，这与他是不是我的仇人无关。"后来解狐出任南阳县令，果然做得很好，受到了百姓的称赞。

又一次，晋平公问祁黄羊："朝廷现在需要一个尉官。你是否有可以推荐的人才？"

祁黄羊说："此职可以任命祁午。"

平公更是惊讶："祁午可是你的儿子！你公开推荐自己的孩子，难道不怕别人说你儿子是靠关系做的尉官吗？"

祁黄羊说："我只是回答了谁适合尉官这个职位，并不管他是不是我的儿子。"祁午出任尉官，果然做得很好。

孔子听说祁黄羊的两次举荐后，称赞他："祁黄羊推荐人，只以才能为标准，不会因为是仇人而不推荐，也不会因为是自己的儿子，怕人非议而不推荐。他真称得上'大公无私'了！"

思考与领悟

祁黄羊为人正直，能够做到公私分明，举人不避嫌。只要符合职位要求就举荐，不会掺杂自己的私情，一切以国家利益为重。这是一个合格的举荐人的态度，这种态度值得我们学习。

大器晚成

出处

春秋·老子《老子》:"大方无隅,大器晚成。"

释义

能担当重任的人物要经过长期的锻炼,所以他们取得的成就较晚。也用作对长期不得志的人的安慰之语。后来也指年纪较大后才成才或成名。大器:比喻大才。

典故

东汉末年,有个名叫崔琰的人,剑法很好。他特别喜欢交朋友,可是,有些人却认为他不学无术①——除了舞刀弄剑,在学问上是一窍不通。一次,他去拜访一个很有学问的人,主人让管家出来告诉他说:"主人正在潜心②读书,无暇闲谈。"崔琰知道人家是嫌他胸无点墨,感到无比羞愧,暗下决心,一定要好好读书,成为一个能文能武的人。从此,崔琰虚心拜师求学,学问大

---

① 不学无术:没有学问,没有本领。
② 潜心:专心。

有长进。随后，他更是被当时独霸北方的袁绍招为谋士①。

袁绍被曹操所灭后，曹操久闻崔琰的才干，劝崔琰归顺自己。在曹营中，崔琰为曹操出了不少主意，很受曹操器重。有一次，曹操和他商量，想立小儿子曹植为太子。崔琰说："自古以来，都是立长子为太子。您立曹植为太子，曹丕心里不服，大臣们也不服，这就种下了祸根。纵观古今，因为废长子立幼子而引起的骨肉相残的事情还少吗？请主公三思而行②！"其实曹植还是崔琰的侄女婿，但尽管是亲属，崔琰也不偏袒③，曹操十分敬佩崔琰的公正。

崔琰有个堂弟叫崔林，年轻时一事无成④，亲友们都看不起他，可是崔琰却很器重他。崔琰常以自己为例说："有大材的人需要很长时间才能成器，崔林将来一定会成器⑤的。"后来，崔林果然成了大器。

思考与领悟

有些人在年轻的时候才能没有能够显现出来，大家就觉得他平庸无奇。但是很多人的大智慧都需要很长时间的积淀才能显露，我们不要觉得这些人真的就一事无成了。同时，我们也要告诉自己，要想成大器、担重任，必须要经过长期的刻苦学习和努力实践。

---

① 谋士：古时的谋士是指为自己的"主公"出谋划策，排忧解难的人。
② 三思而行：反复考虑，慎重行事。三：再三，表示多次。思：思考。行：行动。
③ 偏袒：偏护双方中的一方。
④ 一事无成：一样事情都没有做成，毫无成就。
⑤ 成器：成才。

大失所望

出处

西汉·司马迁《史记·高祖本纪》"秦人大失望。"

释义

原来的希望完全落空。所望：原来所抱的希望。

典故

后晋与后汉交替时期，有一个人叫李守贞，河阳人。他从军后当了牙将，因为被晋高祖赏识，地位逐渐升高。

一次，在与契丹的交战中，李守贞被打败，投降契丹，为契丹卖命。有一次，他接受契丹可汗的指令，带兵去往汶阳；在路上，他遇到了晋高祖。李守贞内心恐慌，不得不去拜见晋高祖，并假意向晋高祖投降。

不久后，晋高祖去世，李守贞便越来越不安分，竟私下收买权臣，不断加固自己驻守的城池，扩大军队，准备反叛后晋。这时，一个自称会看卦占卜的人在看了李守贞的面相之后，说他有国君之相。这使得他的野心越发膨胀了起来，于是他私下勾结盗贼，发兵占领了潼关，公开反叛。

很快，朝廷派白文珂率兵征讨李守贞。李守贞自认为敌军中有不少人都是自己在后晋时的部下，会主动归降于他；殊不知，在两军交战之时，李守贞以前的部下，都骂他是反贼，痛斥他的种种罪状，这使得李守贞大失所望。

思考与领悟

以前的部下居然痛骂他是反贼，这让李守贞大失所望。殊不知他的反叛才是最让人痛心疾首的。对国家忠贞不渝才是一个臣子应该做的。

"人固有一死，或重于泰山，或轻于鸿毛"，像李守贞这样贪生怕死[①]、毫无信义的人，死不足惜，更不值得部下尊敬、追随。

---

① 贪生怕死：贪恋生存，畏惧死亡。喻指对敌作战畏缩不前。

大义灭亲

出处

春秋·左丘明《左传·隐公四年①》:"大义灭亲,其是之谓乎。"

释义

不以私情包庇犯罪的亲戚,让犯罪的人得到相应的处罚。大义:正义,正道;亲:亲属。

典故

春秋时期,有个叫石厚的人,他的父亲石碏是卫国的大夫。石厚和卫庄公的庶子州吁关系非常好,两人经常一起玩,一起习武。石碏告诫石厚不要和州吁走得太近,但是石厚不以为然。

后来卫庄公死了,卫桓公上位之后,公子州吁和石厚设计害死了卫桓公,公子州吁上位。百姓和臣子们都对这位新君主的做法很不满意。石厚想出了一个计谋,邀请已经致仕回家的父亲石碏出来辅政,因为当时的石碏很有威望。

州吁让石厚拿着一双白璧去请他的父亲入朝。但石碏说自己

---

① 隐公四年:公元前719年。隐公,鲁隐公。

身体抱恙①，不想再度入朝为官。随后，州吁又让石厚向石碏询问如何稳固自己的王位。石碏告诉石厚，州吁应该去周天子那里得到周天子的首肯②，这样众人就会信服他。

石厚认为周天子可能不会答应州吁的请求，便想找一个人去周天子那里说情。这个时候，石碏便让石厚带着新君主去陈国的桓公那里求情。石碏告诉石厚，他与桓公交情非常好，可让桓公去周天子那里说好话。

于是，石厚和州吁便前往陈国拜访桓公，而石碏却写了一封密信给陈国的大夫子眆，让他处置州吁和石厚。子眆收到这封信后，便和陈桓公商量对策，准备在太庙捉拿州吁和石厚。

在太庙里，子眆以弑君③乱国的罪名，捉拿了二人。子眆拿出了那封信，信里面石碏让陈桓公一定要为卫国主持公道④。但是因为石厚和石碏的关系，陈桓公听取了子眆的建议，询问石碏如何处置他们。石碏接到通知后，果断地表示，州吁和石厚应被判以死刑。

当时卫国的大臣知道这个消息之后，都认为石厚是从犯，罪不至死，应酌情处置。石碏却认为都是因为石厚的怂恿⑤而造成的错误，坚持要处死自己的儿子。为此，他还派自己的家臣去斩杀二人。石碏为了成全大义而不顾私情，这种大义灭亲的行为注定

---

① 抱恙：有病。
② 首肯：点头同意。
③ 弑君：本意是封建时代臣子杀死君主或子女杀死父母，下属杀死上司。
④ 主持公道：根据公道办事情。
⑤ 怂恿：从旁劝说鼓动别人去做（某事）。

流芳百世①。

思考与领悟

在亲人和正义之间如何抉择,永远是让人纠结的命题。很多人都会觉得包庇亲人是正确的,其实并不是这样。石碏大义灭亲,他的做法让我们明白怎样做才是最正确的。

---

① 流芳百世:好的名声永远流传后世。

道不拾遗

出处

战国·韩非《韩非子·外储说左上》:"国无盗贼,道不拾遗。"

释义

路上没有人把别人丢失的东西拾走,形容社会风气好。遗:失物。

典故

商鞅(本名公孙鞅、卫鞅),是我国古代著名的政治家。他是卫国国君的后裔,很有才能,主张依法治国。他在卫国无法施展抱负,便到魏国丞相卫叔痤那里做家臣。卫叔痤非常欣赏商鞅,临终时向魏王推荐,让他接替自己的丞相之位。但是,魏王不认同"依法治国"的主张,卫叔痤便说:"大王既然不用他,那就杀了他吧!万一他被别国重用就糟了。"商鞅听说魏王要杀他,立即逃离魏国,来到了秦国。

商鞅到秦国以后,秦孝公非常赏识他的才能,于是重用了他。商鞅对秦孝公说:"国家要富强,必须依法治国;必须要重视农业生产，奖励将士。治国必须有赏有罚，赏罚分明。只有这样，朝廷才有威信。"秦孝公对商鞅十分信任，听后高兴地对商鞅说："从今天起，改革制度的事就交给你了！"

商鞅没有辜负①孝公的厚望，先后制定了一系列新法，他设法取得秦国百姓的信任，然后在南门贴出了他的新法令，废除了维护贵族特权的旧法。新法令主张"国法面前人人平等，奖罚分明，鼓励耕织，减免徭役②，废除贵族世袭的制度"等。

经过商鞅变法，秦国老百姓的生产积极性得到了大大提高，农业生产有了很大的发展。

从此以后，秦国百姓安居乐业，民风淳朴，社会安定。人们也不必担心盗贼的侵扰，所以夜不闭户③，路不拾遗，国力逐渐强盛起来。

思考与领悟

"道不拾遗"，这是对国民素质提出的一种高标准。人都有捡便宜的心理，但是路边的便宜还是不捡为好。我们不能因这种"便宜"失了本心。另外，这也可能是一场骗局，为避免上当，还是当没看见的好。

---

① 辜负：违背了别人的好意、希望。
② 徭役：古时官府向百姓摊派的无偿劳动。
③ 夜不闭户：夜里睡觉不用闩上门，形容社会治安情况良好。户：门。

得鱼忘筌

出处

战国·庄周《庄子·外物》:"筌者所以在鱼,得鱼而忘筌。"

释义

捕到了鱼,忘掉了筌(quán)。比喻事情成功后就把原本依靠的东西忘记了。筌:用竹或草编制的捕鱼器具。

典故

渔夫蹲在岸边,把捕鱼的竹器筌投进河里;然后,渔夫选了块干净的石头坐下来,悠闲地牵着系筌的绳子。

突然,浮标乱动起来,渔夫沉着地往上拉绳,一拉、两拉、三拉,竹筌上来了,只见里面活蹦乱跳着一条红鲢鱼。渔夫手扣住鱼身,取根绳子串过鱼鳃,掂量一下,高兴地拿着鱼,提着筌,抬脚往家走。

刚走几步,他觉得又拿鱼又拿筌挺沉的,心想:"我不是来捕鱼的吗?把鱼拿回家里就是了,还要筌做什么呢?"于是,他右手向外一扬,筌落进河中漂走了。

回到家里，妻子笑着说："真要谢天谢地①！"

渔夫说："应该谢我，主要还是我本领高超。"

妻子接过鱼儿，边看边说："你就爱吹牛。照你这么说，筌的功劳就没有了？"这时，她不由得想起了筌，忙问："咦？筌哪儿去了？"

渔夫得意地回答："嘿嘿，我把它扔了！你看，这么大的鱼儿都捉到了，还要它干吗？"

妻子非常惊讶，说："那你以后如何捕鱼呢？"

渔夫无言以对，瞪大眼睛愣在那儿，一动不动。

思考与领悟

捕到了鱼就把筌扔掉了，却不想想以后还得用呢，真是目光短浅。当我们取得了一定成就时，不要得意忘形②，如果抛弃了原本依靠的东西，那就是断了自己发展的路。

---

① 谢天谢地：表示目的达到或困难解除后满意轻松的心情。
② 得意忘形：形容高兴得失去了常态。

掉以轻心

出处

唐·柳宗元《答韦中立论师道书》:"故吾每为文章,未尝敢以轻心掉之。"

释义

对事情采取轻率的漫不经心的态度;不认真当回事。掉:摆弄之意。

典故

唐代著名文学家柳宗元是"唐宋八大家"之一,文学成就极高。他被贬到永州当司马的时候,有一位叫韦中立的青年曾给他写信,要拜他为师。

柳宗元大为感动,便回信一封《答韦中立论师道书》,这封信后来十分有名。柳宗元在这封信中提到,拜师求学这样的事已经很久都没有了,现在收徒授学常会遭受攻击和污蔑。

柳宗元还举了一个关于礼节的例子,他说,以前男子二十成年要行加冠礼,有学问之人非常重视,但这个礼节已经被废弃了几百年，所以最近有个叫孙昌胤的青年举行加冠礼时就碰了壁。他的同僚都觉得他举行加冠礼可有可无，并且与自己无关，还嘲笑了孙昌胤。这个现象和现在的人听说拜师求学一样，人们都觉得奇怪。

柳宗元又谈到韦中立拜师求学的事情，他说，在现在这种风气下，你还愿意拜师求学，这种精神使我感动，我愿意将自己的心得教授给你。我曾经认为辞藻好是写好文章的必然条件，但后来我明白文章是用来表达思想的，所以就不再追求形式。写文章的时候不会掉以轻心，而是追求《书》那样朴实，《诗》那样永恒，《礼》那样合理，《春秋》那样是非分明，《易》那样富有变化。只有符合这样的标准才能写出让人满意的文章。

思考与领悟

好的文章并不倚重华丽的辞藻和精心构造的形式，而是要写出感动自己、感动他人的内容。任何事情都要投入真心才行，形式永远都只是表面，不能改变事物的本质。

东窗事发

出处

宋·刘一清《钱塘遗事》：桧犹语方士曰："可烦传语夫人，东窗事发矣！"

释义

比喻阴谋已经败露。

典故

南宋时有一个大奸臣叫秦桧，他老奸巨猾，心狠手辣，谁要是和他的意见不一致，他就会捏造①一个罪名给这人。被他陷害的忠臣数不胜数②，抗金将领、民族英雄岳飞就是被他陷害的。

北宋末年，北方的金兀术进攻中原，侵占了宋朝不少地盘。在这民族危难之际，岳飞率领"岳家军"顽强抵抗。岳飞英勇善战，连打胜仗。可是秦桧不同意抗金，主张议和；而秦桧想要议和，就必须把岳飞除掉。

---

① 捏造：编造。
② 数不胜数：形容多得数也数不过来。

有一天，秦桧坐在东窗下正在为无法除掉岳飞而愁容满面。夫人王氏走过来，对他说："这有何难，你找个罪名安在岳飞的头上不就行了。"秦桧说："罪名不难找，难找的是告发岳飞的人。这个人一定要是岳飞的部下，才能使天下人信服。"王氏想了想说："我听说岳飞的手下王贵在一次战斗中胆小怕死，岳飞想将他斩首示众，后经大伙求情，岳飞才免他一死。王贵肯定怀恨在心，何不让他告发呢？"秦桧听后笑了。接着，他们就又将陷害岳飞的细节密谋了一番。

秦桧找到了王贵，并用他的家人要挟他诬陷岳飞，他不得不从。不久，岳飞就被害死在狱中。

又过了不久，秦桧突然病死。王氏心神不宁，便请了个方士作法。方士在阴间见到了秦桧，便问道："宰相大人，你有什么话要我带给夫人吗？"秦桧哭着说："请你告诉夫人，就说东窗事发了。"方士回到阳世后把秦桧的话告诉了王氏，王氏吓坏了，不久也死去了。

后来，岳飞的冤案终于得到平反，卖国贼秦桧和王氏的塑像永远跪在岳飞的墓前。

思考与领悟

秦桧与夫人密谋陷害岳飞，最终阴谋大白天下，两人落得遗臭万年的下场。做人做事要光明磊落，不要做损害他人的事情，否则总有一天，会为自己犯下的过错买单。

东山再起

出处

唐·房玄龄等《晋书·谢安传》:"隐居会稽东山,年逾四十复出为桓温司马,累迁中书、司徒等要职,晋室赖以转危为安。"

释义

再度出任要职,也比喻失势之后又重新得势。

典故

东晋名士谢安,天资聪颖,从小就才华过人,而且能写一手好字。谢安虽然很有才学,但无意做官。起先,他在司徒府里任著作郎①,没多久便以身患疾病为由辞官回乡,隐居在会稽的东山。扬州刺史②庾冰慕名③而来,请他到扬州做官,他也不愿去。后来庾冰几次派人来催逼,谢安不得已,只好赴任。没过多久,

---

① 著作郎:古代官名,担当着编修国史的重任。
② 刺史:古代官名,自汉设立,本为监察郡县的官员,宋、元以后沿用为一州长官的别称。
③ 慕名:仰慕他人的名气。

他就再次找借口辞官了。不久,吏部尚书①范汪举荐他为吏部郎,他也坚辞不就。

谢安与当时的名士王羲之、许询等人交往甚密。他们一起游山玩水,写字吟诗,很是悠闲。当时,谢安的弟弟谢万当了西中郎将②,很受朝廷的重用;但他的名气却没有谢安的大,人们都认为谢安才是能辅佐君王治国平天下的人才。谢安的妻子见谢万家门富贵,而自己的丈夫却安于平淡的生活,就劝他再次做官,但谢安不为所动。

不久,谢万被罢了官,谢安为了挽回谢家日益衰微的地位和名声,萌发进仕③之意。恰好这时征西大将军桓温请他出任司马④一职,他就接受了。朝廷的官员听说大才子谢安终于再度出来做官,都来欢迎他。有个叫高崧的官员和他开玩笑:"你隐居东山,生活悠闲得很,怎么请都请不动,今天到底是出来了。"

后来,谢安官至宰相。在著名的淝水之战中,他指挥有方,以八万人的军队,打败了敌人的八十万大军,他的这段故事也成了千古佳话⑤。

---

① 吏部尚书:古代官名,掌管官员资料以及人事任免。
② 西中郎将:官名。东汉献帝时所置四中郎将之一。
③ 进仕:入朝为官。
④ 司马:古代官名,古代中央政府中掌管军政和军赋的长官。
⑤ 千古佳话:被人们长期传颂的好事迹或故事。

思考与领悟

谢安不求功名利禄，毅然辞官归乡，但他并没有与世隔绝，也没有停止用文化滋养自己。他过着游山玩水、写字吟诗的生活，待时机一到，他便能够再次发挥自己的才能。所以我们要坚持学习，不断充实自我，这样才能在机会降临时展现自己的实力。

东施效颦

出处

战国·庄周《庄子·天运》:"故西施病心而颦其里,其里之丑人见而美之,归亦捧心而颦其里。"

释义

模仿别人模仿不好,反而出丑。效:模仿;颦:同"颦",皱眉头。

典故

西施是中国历史上的"四大美女"之一,春秋越国人。她长得很美,人们形容说,鱼儿看到她的美貌都会沉到水底,大雁看到她都会从天上掉下来。可惜的是,她的身体不好,有心痛的毛病。

有一次,她在河边洗完衣服准备回家,在回家的路上,胸口又疼痛起来,所以她就用手捂住胸口,皱着眉头。虽然是难受的样子,但是村民们却纷纷称赞,说她这样子比平时更加美丽动人。

同村有个名叫东施的女子,长得很丑。她看到村里的人都夸赞西施用手捂住胸口的样子很美,便也学着西施的样子捂着胸口,皱着眉头,在人们面前走来走去。她以为这样就有人称赞她了!

可是,她本来就长得丑,再刻意做出痛苦的神情动作,那装腔作势①的怪样子,更加让人厌恶了!有的人看到她这个样子就赶紧关上大门,有的人急忙拉着妻子和孩子躲得远远的,唯恐避之不及,东施这才知道她闹了大笑话。

思考与领悟

东施看到西施捂着胸口、皱着眉头的样子被众人夸赞,她也捂着胸口,皱着眉头,没想到却招来他人的厌恶。做人不能盲目模仿别人,别人做的事情未必适合自己做;根据实际情况,做真实的自己最好。

---

① 装腔作势:拿腔拿调,故意做作想引人注意或吓唬人。

洞房花烛

出处

北周·庾信《和咏舞》:"洞房花烛明,燕余双舞轻。"

释义

形容新婚的景象,亦喻指新婚。

典故

古时候,秦始皇大兴土木①修建阿房宫②,并在全国挑选美女,送到阿房宫练习歌舞,侍奉秦始皇。当时山西有一位女子,大家都叫她三姑娘。三姑娘不仅长得美若天仙③,而且性情刚烈。她被选入宫后,不愿意侍奉秦始皇,想方设法逃跑。终于,在一个漆黑的夜晚,三姑娘从阿房宫逃了出来,向家乡奔去。

在华山险峻的山道上,三姑娘遇见了书生沈博。因为秦始皇

---

① 大兴土木:大规模地盖房子。
② 阿房宫:秦始皇时开始建筑的大型宫殿,规模宏大。
③ 美若天仙:形容一个人长得很漂亮,像天上的仙女一样。

焚书坑儒①的暴政，沈博无家可归②，非常痛恨秦始皇。两人相遇，各自倾诉了不幸的遭遇。沈博十分同情三姑娘，也很钦佩她的勇敢，同时两人互生爱慕之情。于是他们就在华山的一个山洞里对天盟誓，结为夫妻。山洞里很黑，他们捡来树枝，点起火，把山洞照亮。拜天地时，还把许多艳丽的花枝插在火堆前当作香烛，两人情投意合③，相亲相爱地生活在了一起。

正是由于这个传说，现在人们就把结婚的喜屋叫作"洞房"，把喜庆的红烛叫作"花烛"。

思考与领悟

只要两个人情投意合，即使是住在一无所有的山洞里，用树枝作香烛，也是幸福的。两个人在一起，物质的多少并不重要，重要的是精神上的共鸣。

---

① 焚书坑儒：秦始皇焚毁典籍、坑杀书生之事。
② 无家可归：没有家可回，流离失所。
③ 情投意合：双方感情和心意都很投合。

独当一面

出处

西汉·司马迁《史记·留侯世家》:"而汉王之将独韩信可属大事,当一面。"

释义

单独负责一个方面的重要工作。

典故

在楚汉相争时,项羽率领大军攻打自立为齐王的田荣,这个时候汉王刘邦听取了谋士陈平的计谋,率兵东进,进攻项羽的根据地彭城①,很快就把彭城占领了。

项羽得知彭城失守,非常生气,亲自率兵去夺城。结果刘邦失败,士兵伤亡惨重。刘邦一直逃到下邑才松了一口气,他非常愤怒地说:"这次我们失败,士兵伤亡惨重,士气低落,要是现在有人愿意帮我打败项羽,我愿意把函谷关以东的土地作为奖赏

---

① 彭城:今江苏徐州。

送给他,以此来鼓舞士气①。大家觉得怎样?"

张良听说后,回答说:"九江王英布,作战非常厉害。虽然他是楚国的将领,但是一直以来,都和项羽有矛盾。有很多人马的大将军彭越,不久之前也开始反楚。如果将这两股力量联合起来,是一个非常好的办法。在大王的将领中,只有韩信可以独当一面。要是大王将土地赏给这三个人,让他们全力帮助你,我们一定会战胜项羽!"刘邦听了张良的意见,派人去联系英布和彭越,又让韩信去黄河以北开辟战场,不久又封韩信为齐王。果然,韩信没有让刘邦失望,在和项羽的几次交战中都取得胜利。

同时,这也为刘邦取得楚汉之争的最后胜利,建立西汉王朝奠定了基础。

思考与领悟

刘邦麾下唯有韩信能独当一面。因为不是人人都能独自担当重任,唯有胸有大志的人才能做到。有志于报效国家的青少年,应担起时代的大梁,肩负起历史赋予的重任和使命,用实际行动成就心中志向!

---

① 鼓舞士气:鼓动,激发士兵的战斗意志。

出处

东汉·牟融《理惑论》:"昔公明仪为牛弹清角之操,伏食如故。"

释义

比喻对不讲道理的人讲道理,对不懂得美的人讲风雅。也用来讽刺说话的人不看自己的谈话对象。

典故

古代有一位大音乐家叫公明仪,他在音乐方面有很高的造诣①,弹得一手好琴,优美的琴声常使人亲临其境②。

有一天,风和日丽,他漫步郊野,只见在一片翠绿的草地上有一头牛正在低头吃草。这清静怡人的氛围激起了音乐家为牛弹奏一曲的欲望。他首先弹奏了一曲高深的《清角之操》,尽管他弹得非常认真,琴声也很优美,可是那牛却依然如故,只顾低头吃草,根本不理会这悠扬的琴声。

---

① 造诣:学业、技术等达到的水平、境地。
② 亲临其境:亲自到了那个境地。

公明仪先是很生气，但当他静静观察思考之后，明白了牛并不是听不见琴声，而是实在听不懂曲调高雅的《清角之操》。

于是，公明仪又弹了一曲通俗的乐曲，那牛听到好像蚊子、牛蝇、小牛叫声的琴声后，停止了吃草，竖起耳朵，好像在很专心地听。

思考与领悟

音乐家公明仪对着牛弹高雅的曲调，牛根本听不懂；他又弹了通俗乐曲，牛才专心听琴。我们在办事情时，必须看清楚对象，要灵活处理，因人制宜，因事制宜，因材施教。

多难兴邦

出处

春秋·左丘明《左传·昭公四年①》："邻国之难，不可虞也。或多难以固其国，启其疆土；或无难以丧其国，失其守宇。"

释义

国家多灾多难，在一定条件下能激励人民奋发图强②，战胜困难，使国家强盛起来。邦：国家。

典故

春秋时期，楚灵王对内屠杀异己，对外争当霸主。他派大夫椒举前往晋国，要晋平公跟他一起召集诸侯会盟③，并且在会盟中推他当霸主。

然而晋平公想自己当霸主，但是，晋国大夫司马侯认为晋国

---

① 昭公四年：公元前538年。
② 奋发图强：振作精神，以求强盛。
③ 会盟：古代诸侯间会面和结盟的仪式。

跟楚国争霸还要等待一段时间。他说："楚王虽然倒行逆施①，但还不到垮台的程度，可能上天要等他干尽坏事后，才给他降下惩罚，楚国的臣民才会抛弃他。那时候，霸主的地位我们将不争而得。"

晋平公说："楚国内部不团结，多灾多难，能当霸主吗？"

司马侯说："一个国家多灾多难，当然不是好事。不过有时候，多灾多难也能成为他们振兴国家的力量。譬如，齐国内乱，国君被杀，公子小白平定内乱，击退了鲁国的入侵取得政权，被人称作齐桓公。他任用贤相管仲改革，国力逐渐强盛，成为第一个霸主。晋公子重耳被国君长期驱逐流亡国外，历经重重困难，终于回国即位，后来成为晋文公。他整顿内政，增强兵力，使晋国成为第二个霸主。所以有时候多难兴邦。但如果楚灵王看不到自己的危机，就算他当了霸主，日子也不会长的。"

晋平公觉得言之有理，就在当年六月会盟中推举楚灵王为霸主。结果正如司马侯预料的那样，楚灵王当上霸主以后，骄傲自大，不图本国的强盛。过了几年，他的三个弟弟联合起来发动兵变，楚灵王被迫自杀。他没能像齐桓公和晋文公那样在多灾多难中振兴国家，而是在灾难中让危机进一步加深，结果葬送了自己。

---

① 倒行逆施：原指做事违反常理，不择手段。现多指所作所为违背时代潮流或人民意愿。

思考与领悟

人在失意时,要保持良好的心态,坚持就是胜利,千万不要一蹶不振。要像齐桓公和晋文公那样,在困境中励精图治,奋发图强,振兴国家。

咄咄逼人

出处

晋·卫铄《与释某书》:"卫有一弟子王逸少,甚能学卫真书,咄咄逼人,笔势洞精,字体遒媚。"

释义

气势汹汹,盛气凌人,使人难堪,也指形势发展迅速,给人压力。咄咄:使人难堪的声音。

典故

桓玄、殷仲堪、顾恺之等人坐在一棵老树底下,他们正海阔天空①地交谈着。桓玄说:"我们做个游戏吧,每人咏一句诗表现'了结',如何?"

顾恺之脱口而出:"火烧平原无遗燎②。"

桓玄摇头晃脑③,接着说:"白布缠棺竖旒④。"

---

① 海阔天空:比喻言谈议论等漫无边际,没有中心。
② 火烧平原无遗燎:大火把平原烧了个精光。
③ 摇头晃脑:脑袋摇来摇去。形容觉得很有趣或自以为是、得意扬扬的样子。
④ 白布缠棺竖旒:用白布缠棺材,飘起招魂幡。

殷仲堪吟道："投鱼深渊放飞鸟①。"他吟完又说："我们换个主题吧，表现'危险'。"

话音刚落，桓玄双手比画着说："矛头淅米剑头炊②。"

殷仲堪有意装出苍老的样子，慢吞吞地咏道："百岁老翁攀枯枝③。"

顾恺之说："井上辘轳卧婴儿④。"

这时，殷仲堪手下的一个参军坐在旁边，吟道："盲人骑瞎马，夜半临深池⑤。"听了这句，仲堪大叫："咄咄逼人，叫人好难受啊！"原来殷仲堪有一只眼盲。

思考与领悟

咄咄逼人会让他人心里很不舒服，所以我们在说话的时候要顾及他人的感受，不要说他人的短处，让他人陷入窘境；而且揭他人短的人也不会得到他人的尊重。最好的为人处世方式就是说话要温和，更不轻谈他人之短。

---

① 投鱼深渊放飞鸟：把鱼放回深渊，放鸟飞回长空。
② 矛头淅米剑头炊：脚踩矛尖淘米，蹲在剑头上烧饭。
③ 百岁老翁攀枯枝：百岁老翁颤巍巍地用手攀上枯枝。
④ 井上辘轳卧婴儿：把婴儿放在井口的辘轳上。
⑤ 夜半临深池：深夜驰近深渊。

E

阿谀奉迎

出处

宋·程颐《周易程氏传》:"以臣于君言之,竭其忠诚,致其才力,乃显其比君之道也;用之与否,在君而已,不可阿谀奉迎,求其比己也。"

释义

曲从拍马,竭力迎合别人。也作"阿谀奉承"。阿谀:用言语恭维别人;奉迎:恭维,讨好。

典故

严光是东汉时一位为人正直、心地善良的隐士,他和司徒侯霸[①]交情好,是多年的好友。

侯霸对这位朋友很是欣赏。有一次他邀请严光来家里做客,还专门写了一封亲笔信让下人带去。在他正满心期待朋友来的时候,回来的却只有去传信的仆人。侯霸不明白朋友为什么不来。仆人说严光不肯来府上做客,并托他带回一句话。"君房先生现在官居高位,这已经很不错了。若侍奉皇上是以仁为本的话,那

[①] 侯霸:字君房,光武帝时任尚书令,后任大司徒。

是值得天下百姓高兴的事；若对皇上的侍奉只是阿谀顺从，将来难免要有杀身之祸啊！"

听到这番话后，侯霸心中不免感叹。

思考与领悟

严光对侯霸说的话是客观的忠告，他提醒朋友不要忘记自己的职责，否则以后会受到惩罚。做官要为天下百姓为国家着想，如果只想着巴结奉承上司，是不会得到别人的尊重和认可的。

F

返老还童

出处

宋·张君房《云笈七签》："日服千咽，不足为多，返老还童，渐从此矣。"

释义

由老年返回到童年。原为道家传说中的却老术，后形容老年人充满了青春活力。

典故

相传刘安年轻的时候喜欢求仙，希望能够长生不老。他当上淮南王之后，更喜欢求仙了，常常让人去打听长生不老之术，寻求长生不老①的丹药。

有一天，来了八个人求见刘安，说他们有长生不老的法术，愿意给刘安长生不老药。刘安一听，非常高兴，赶忙出去迎接。一开门，看到八个头发、胡子都已经雪白的老头，就苦笑起来。

刘安说："你看看你们自己，还说自己会长生不老术，

---

① 长生不老：原为道家语，后也用作对年长者的祝愿语。

你们都老成这样了,我才不信你们呢!赶紧走吧,别在这儿骗人啦!"

八个老头互相看了看,哈哈大笑说:"淮南王嫌我们年老吗?好吧!那么,再让他仔细地看看我们吧!"

这八个老头,竟然一下都变成了孩童!刘安感到非常惊奇。

思考与领悟

虽然这世上没有长生不老的仙丹,也没有返老还童的神话,但只要我们在青少年时期合理安排时间,用努力和拼搏充实我们的生活,不给人生留有遗憾,就是延长了自己的生命。

范张鸡黍

出处

南朝·宋·范晔《后汉书·范式传》："范式字巨卿……与汝南张劭为友。劭字元伯。二人并告归乡里。……乃共克期日。后期方至，元伯具以白母，请设馔以候之。"

释义

范式、张劭一起吃鸡喝酒。比喻朋友之间情深义重。

典故

东汉时期，山阳金乡的范式和汝南的张劭是京城洛阳太学里的同学，他们志同道合，经常一起学习，成了无话不谈①的好朋友。

一年春天，两个人一起请假回乡。分别的时候，两人依依不舍②。范式就对张劭说："别难过，我两年后一定到你家拜访，到时候我们又能相见。"张劭说到时候一定盛情款待，两人约好不

---

① 无话不谈：没有不说的话，指彼此之间没有保留。
② 依依不舍：形容舍不得离开。

见不散。

光阴似箭①,日月如梭②,转眼间就到了他们约定的日子。这一天,张劭早早起来杀鸡宰羊,准备款待范式。

张劭的父母看到儿子忙得团团转,笑着说时间过去这么久,路途这么遥远,范式今天不一定来。张劭却说:"范式是一个信守承诺的人,他今天一定会来的。"

他们话还没有说完,范式就已经进门了。他拜见了张劭的父母,和张劭相聚,高兴极了。

思考与领悟

对于一个两年前的约定,张劭和范式都那么重视,可见二人情深义重,也是信守承诺的人。生活在新时代的我们,交通和通讯都极其方便,朋友之间更应该信守承诺。

---

① 光阴似箭:形容时间过得极快。
② 日月如梭:太阳和月亮像穿梭一样地来去。形容时间过得很快。

防微杜渐

出处

南朝·宋·范晔《后汉书·丁鸿传》:"若敕政责躬,杜渐防萌,则凶妖消灭,害除福凑矣。"

释义

当错误的思想和行为刚有苗头或征兆时,就要预防与制止,坚决不让其继续漫延。

典故

汉和帝登上皇位后,窦太后把持着朝政,她的哥哥窦宪身居大将军的位置,其他兄弟也是朝中的文武大臣,可谓权倾朝野。大臣们心里对此十分着急,可无人敢向皇帝进言。

丁鸿为人正直,敢说真话,对朝廷也是忠心耿耿。后来,他找寻到一个机会,便向皇帝进言:"皇上,能把山崖冲毁的水流,一开始都是缓慢流动的细水;能够遮天蔽日的大树,一开始也是嫩绿的枝芽。事物壮大都是一点点变化,最后才显现出来的;可是我们往往会忽略那些细小的变化,以至于酿成祸患。大将军窦宪倚靠着太后，权势一点点壮大，现在竟连您也不放在眼里，他已变成了朝廷的祸患。皇上，您现在不能心慈手软①，要防患于未然②，早除祸患才能保大汉基业长长久久。"

汉和帝听从了丁鸿的建议，迅速罢免了窦宪的官。

思考与领悟

我们要在细节上下功夫，一点一滴都不能掉以轻心。古人曾云："勿以善小而不为，勿以恶小而为之。"不论干什么事情都要把握一个度，要适可而止，把握好分寸。因为一旦过了度就会使事物因量变而引起质变，最后满盘皆输。

---

① 心慈手软：心怀恻隐而不忍下手。
② 防患于未然：在事故或祸害尚未发生时，便进行干预。

放虎归山

出处

西晋·司马彪《零陵先贤传》:"璋遣法正迎刘备,巴谏曰'备,雄人也,入必为害,不可内也'。既入,巴复谏曰'若使备讨张鲁,是放虎于山林也'。璋不听。"

释义

把老虎放回山林,比喻把敌人抓住而后又放走了,自留祸根,后患无穷。归:返回。

典故

秦穆公三十三年(前104),秦国派大军讨伐郑国,军队分别由孟明视、西乞术和白乙丙三员大将带领。三人在回师时,路过崤山,不料被晋军军师先轸率军打败而被俘。

晋襄公本来打算将这三个人处决,但被后母给拦住了。晋襄公的后母是秦国人,听说秦国大将被擒就前来求情,她费了很多口舌才说动晋襄公。于是秦国的三员大将被放走了。

正在家里吃饭的先轸听说了这件事非常生气,就连刚吃进嘴里的饭都吐出来了。他马上就去找晋襄公理论。当得知晋襄公是听了后母建议才放了三人时，简直气坏了。他"呸"了一声，吐了襄公一脸口水，大声说："你这小子，竟不懂事到如此地步。我们辛辛苦苦才把他们捉住，你竟听那妇人的话把他们放了，这叫放虎归山。将来，你后悔都来不及了。"

听了先轸一番话，晋襄公马上派人去追，想把那三人再捉回来；可是，哪里还能追得上呢！

孟明视等三人回到秦国后，秦穆公并没有惩罚他们，反而还叫他们掌握兵权。三年后，孟明视领兵打败了晋国，秦国成了西方的霸主。

思考与领悟

秦将被俘，晋王却将其放走，实在是失策。当今社会，我们的身边虽很少有敌人，但一定有竞争对手，有竞争才有动力。竞争中放过已取得的成果，失去取胜机会的情况可以用"放虎归山"来比喻。

分庭抗礼

出处

战国·庄周《庄子·渔父》:"万乘之主,千乘之君,见夫子未尝不分庭伉礼。"

释义

原指宾客和主人分别站在庭院的两旁相互行礼。后比喻地位、财力相当,彼此平起平坐或彼此相互对立。伉:通"抗"。

典故

有一天,孔子和他的弟子正在树林里休息。孔子弹着琴,他的弟子在旁边读书。有一个须眉全白的老渔翁从旁经过,他伫立侧耳倾听了一会儿,便招孔子的弟子过来,问道:"这弹琴的是哪位?"

"他是我们的老师,是鲁国主张'仁者爱人'的孔子啊!"

"哦,我知道了,"老渔翁笑了笑,接着说,"他真是摧残心性,劳乏筋骨①,最后危害了自己的真性啊,他离大道也实在太

---

① 劳乏筋骨:使身体筋骨劳累,就是要好好修炼自己,尝到做人做事的不容易,磨炼自己的心志。

远了。"说完转身向河边走去。

子路急忙将渔翁的话转述于孔子。孔子猛地放下琴，站起身来，说道："这可不是一般的人，快追！"

孔子快步追到河边，这个老渔翁正要划桨离去，孔子拱手连连拜请，说："先生莫走，我多年求学访贤，现已六十九岁，还没受过高士指点，今有幸偶遇先生，还希望先生不吝赐教①。"

老渔翁说："所谓真性，就是精诚，就是本性。不精不诚，无法感动人。所以，勉强落泪的人，虽然外表悲痛，其实内心并无半点悲伤；勉强发怒的人，虽然外表严厉，其实并不威严；勉强和你亲近的人，也只是面和心不和罢了。真的悲痛，没有哭声也哀伤；真的恼怒，没有发作也威严；真的亲近，没有欢笑也和悦。感情的表达，贵在真实自然。"

孔子听得句句入耳，虔诚②地说道："能遇见您真是我的荣幸，我想做您的学生，先生可否告诉我您的住址？"

老渔翁沉默不语，登上船，划桨击水，唱着渔歌远去了。孔子目送着渔翁走远，直到再也看不见，才怅然若失③地上了车子。

子路不高兴地说："先生，我跟您这么久，还没见过像他那样傲慢无礼的。以往就是与天子、诸侯、大夫见面，也是分庭抗礼啊。今天对这个渔夫，您如此谦卑恭敬，而他却毫不在意地那样站着，这也太不合礼数了。"

孔子说："子路，你的愚顽粗劣，真是难以教化啊。遇到年

---

① 不吝赐教：不吝惜自己的意见，给予指导。请人指教的客气话。
② 虔诚：恭敬而有诚意。
③ 怅然若失：心情沮丧，像丢了什么东西，形容心情失落的样子。

长的人，不尊敬为失礼；遇到贤明的人，不尊重为不仁，失礼不仁就是祸患的根源。这位老者是精通事理的贤士高人，我怎么能与他分庭抗礼呢？"

思考与领悟

尊师重道，是中华民族的传统美德。其本质是尊重知识，尊重教育，尊重人才。

奋不顾身

出处

西汉·司马迁《报任少卿书》："常思奋不顾身,以殉国家之急。"

释义

奋勇向前,不考虑个人安危。

典故

李陵是汉武帝时的名将,他擅长骑射,又精通兵法,很受汉武帝信任。汉武帝任命他为骑都尉,率领军队抵御匈奴的入侵。但是,当时李陵只有五千骑兵,应战匈奴的数万大军,寡不敌众①,无奈之下被迫投降了。

听说李陵投降,汉武帝非常生气,他觉得李陵辜负了他的信任,朝中大臣也纷纷指责李陵没有骨气。

然而,有一个人却不这样认为,他就是太史令②司马迁。他说:"虽然我和李陵并没有任何交情,但是我觉得他这个人性情

---

① 寡不敌众:人少的抵挡不住人多的。
② 太史令:官名。掌管天文历算等。

耿直，孝顺父母，关爱士兵，而且每次在战场上都英勇杀敌，奋不顾身；因此，他是由于敌我悬殊，伤亡惨重，再加上粮草已尽，后路被切断才不得已投降。我觉得他投降是想等待机会，以后再来报答国家。"

司马迁说得合乎情理，但汉武帝却认为他是包庇李陵，将他关进了大牢。

后来，汉武帝又把李陵全家给杀了。李陵知道后非常痛心，于是就在匈奴娶妻成家，到死也没再回故土。

思考与领悟

司马迁相信李陵的忠心，并能够在别人都趋炎附势，皇帝大怒的时候为李陵进言，这种尊重客观事实，敢说真话的品质难能可贵，令人钦佩。

风吹草动

出处

唐《敦煌变文集·伍子胥变文》:"偷踪窃道,饮气吞声。风吹草动,便即(一作'即便')藏形。"

释义

风稍一吹,草就摆动。比喻轻微的动荡或变故。

典故

楚平王贪恋女色,竟然强占了太子妃。太子的老师伍奢对君主的这一行为十分不满,楚平王一怒之下就把伍奢和他的大儿子伍尚给杀了。

伍奢的小儿子伍子胥得到这一消息就逃走了,他发誓一定要替父兄报仇。楚平王下令一定要把他追捕回来,还在各城门上张贴了他的画像。

伍子胥想逃到吴国,但一路上躲躲藏藏也只走到接近昭关的地方。关口有重兵把守,城门还张贴着他的画像。正在他慌不择路时,恰遇父亲的一个朋友东皋公,他便被这位故人请回了家。

东皋公对这件事也是一筹莫展①，只说让他再等等。一连七天过去了，还是毫无办法，伍子胥也因为内心焦虑而白了少年头。

东皋公说："你现在的相貌正好出关。"

可是伍子胥过关的时候还是有些慌张，守门的士兵对他有些怀疑，便要询问他两句。伍子胥觉得情况不妙，就加快脚步跑了。一路上，伍子胥都不敢露面，有点风吹草动，就马上藏到路边的树林或草丛中。

之后，他到了一条江边，藏在芦苇丛里。不久后，见有一条渔船向岸边靠了过来，他迅速跳上船。在船翁的帮助下，他安全地渡过了这条江。上岸后，他解下身上佩带的宝剑赠予船翁，并央求他不要把自己的踪迹说出去。

船翁却一脸不高兴，说道："看你的相貌，我就知道你是那画像上的伍子胥。你可知道，拿住你的赏金有五万石，还给加官晋爵②。我都不稀罕这奖赏，又怎么会要你的宝剑。"

伍子胥再次拜谢船翁，便离开了。之后他顺利见到吴王，并得到吴王的重用，率领吴国的军队攻打楚国，报了杀父、杀兄的深仇大恨。

---

① 一筹莫展：一点计策也施展不出，一点办法也想不出来。
② 加官晋爵：旧时指官职提升。

思考与领悟

　　一直生活在平安幸福的环境里，不可能有真正的成熟与坚强。所以，伍子胥才会有点儿风吹草动，就东躲西藏①。在经受过生活的磨炼，应对过大大小小的压力与打击后，内心才会变得沉稳而坚韧，越是遇到大事，越能心静如水，沉着应对。

---

① 东躲西藏：形容为了逃避灾祸而到处躲藏。

风烛残年

出处

汉乐府《怨诗行》:"天道悠且长,人命一何促。百年未几时,奄若风吹烛。"

战国《列子·汤问》:"以残年余力,曾不能毁山之一毛。"

清·俞万春《荡寇志》:"老夫风烛残年,倘不能见,九泉之下,也兀自欢喜。"

释义

比喻人到晚年,不久于世。

典故

刘因是元朝初年人,幼年时他父亲就去世了。母亲独自一人辛辛苦苦把他拉扯大,教他读书,教他做人。刘因知道母亲的艰难,所以一直对母亲很孝敬。小时候的刘因非常瘦弱,可是为了减轻母亲的负担,他总是抢下母亲手里的活说:"我干,我干,我是家里的男子汉。"母亲总是欣慰地笑笑。

刘因自幼聪颖,写得一手好文章,并且肯下功夫读书。长大后，刘因在朝中做了官。做了官的刘因会忘记自己的母亲吗？不会，当然不会。自从他当上官，只要一有空，就往家赶，去陪伴已渐渐衰老的母亲。

有一天母亲生病，身边无人照顾，于是他毅然决然地辞官返乡。他回到家中，见到满脸皱纹、容颜憔悴①的母亲时，不由得抱住母亲痛哭流涕②，暗暗下定决心，一定要在母亲的有生之年好好陪伴她，照顾她。

朝廷几次叫他回朝做官，都被他拒绝了。有人问他为什么放弃做官的机会，他说："我的母亲已经有九十多岁，她好比是'风中残烛'，随时都会熄灭，我怎么会离开她而独自享受呢？"

思考与领悟

刘因从小就孝敬母亲，在家里抢着干活，做官之后也抽时间陪伴母亲。当母亲生病时，他毅然辞官归隐，一心照顾母亲，他的举动真是让人钦佩。我们每个人都应该向刘因学习，时刻顾念自己的父母，尽我们的孝心，不要等父母故去才追悔莫及。

---

① 憔悴：瘦弱无力脸色难看的样子。
② 痛哭流涕：极其悲痛伤心。

负荆请罪

出处

西汉·司马迁《史记·廉颇蔺相如列传》:"廉颇闻之,肉袒负荆,因宾客至蔺相如门谢罪。"

释义

背着荆条向当事人请罪,表示主动向人承认错误,请求惩罚。负:背着;荆:荆条。

典故

战国时期,赵国有一个叫蔺相如的人,他凭借着过人的胆识和才华,多次在外交上为赵国立功,因此被赵王封为上卿①,地位在大将军之上。身为大将军的廉颇很不服气,凭什么一介书生的地位比自己出生入死②换来的地位还要高呢?于是无论什么事情,廉颇都要跟蔺相如一争高下③。面对这种情况,蔺相如却一

---

① 上卿:古代官名。
② 出生入死:形容冒着生命危险,不顾个人安危。
③ 一争高下:通过较量分出实力高下。

味^①忍让。

一次，蔺相如乘车外出时，远远看到廉颇的车子迤逦^②而来，就急忙让车夫把车赶到小巷里，避免与他正面相遇。车夫以为蔺相如害怕廉颇，心里非常气愤。

蔺相如语重心长地说："你觉得秦王和廉颇谁更强大？我连强大的秦王都不惧怕，又怎么会害怕廉颇将军呢？你可知道，强大的秦国到今天都不敢对我们赵国轻易发兵是为什么吗？就是因为赵国文有我，武有廉颇将军啊！如果我们二人互相攻击，不能和睦相处，两虎相斗必有一伤啊！到时秦国一定会趁机发兵侵略我们的。我之所以避让廉颇将军，是因为我把国家的安危放在前头，不计较私人的得失。"

车夫听了蔺相如的话，被他的深明大义所感动，心里更加佩服他了。

这件事情很快传到了廉颇的耳中，他也被蔺相如宽大的胸怀深深感动，为自己的争强好胜而万分惭愧。于是，他脱掉上衣，在背上绑了一根荆条，亲自到蔺相如家请罪。自此，他们二人成为莫逆之交^③。

---

① 一味：单纯地。
② 迤逦：曲折连绵。
③ 莫逆之交：非常要好或情投意合的朋友。

> **思考与领悟**

蔺相如是赵国上卿,廉颇是为赵国征战沙场的大将军,两个人的地位都很高,却能做到一个不计较个人得失低头让路,一个知错后放下架子负荆请罪。这个故事告诉我们,做人要学习蔺相如的谦虚和不争名夺利,做错事情不可怕,能够像廉颇那样勇于承认错误,也值得人敬重。

G

改过自新

出处

西汉·司马迁《史记·孝文本纪》："妾伤夫死者不可复生，刑者不可复属，虽复欲改过自新，其道无由也。"

释义

改正错误，重新做起。自新：自觉改正，重新做人。

典故

汉朝初年，临淄有个名叫淳于意的人，他从小就喜欢钻研医术，曾向名医公乘阳庆学习。公乘阳庆年岁已高，又没有儿子，就把自己珍藏多年的秘方和黄帝、扁鹊的脉书都传授给了淳于意。淳于意经名师指点，医术越来越高明。

三年后，他为人治病，手到病除，许多人慕名前来求医。淳于意尽心尽力地为人治病，尤其关照平民百姓，一请即至；但他常常拒绝去达官显贵家里诊病，于是得罪了权贵。

后来，淳于意犯事被权贵告发。官府把他抓了起来，押解长安。他的五个女儿见父亲被抓，就只能跟在后面号啕大哭。淳于意又急又恼,埋怨道:"我只有女儿,没有儿子,现在遇到急事,也没有人能解救我。"

淳于意的小女儿缇萦听到父亲的话非常伤心,决心去救父亲。她一直跟着父亲来到长安,写了封奏书给汉文帝,奏书中说:"我父亲做官的时候,当地人都称赞他为人正直,公正廉洁。现在他犯了错误要受刑,我为父亲感到难过。一个人死了再也不能复活,因受刑而伤残的身体再也不可能复原,即使有改过自新的愿望,也无济于事了。为了使父亲有改过自新的机会,我宁愿进宫当奴婢,替父亲赎罪。"

汉文帝读了缇萦的奏书,被她的一片孝心感动,下令赦免了淳于意。

思考与领悟

汉文帝在读了缇萦的奏书后,认识到人犯错误,自然要接受惩罚,而惩罚的目的是让他知错改过,于是赦免了淳于意。这则故事告诉我们,犯了错误应该及时悔悟,勇于改正。

感恩图报

出处

北宋·曾巩《寄欧阳舍人书》:"其感与报,宜若何而图之?"

释义

感激别人的恩情而想办法回报。图:设法。

典故

春秋战国的伍子胥有勇有谋,是吴国不可多得的人才。在他决定攻打郑国时,郑国君臣十分慌张,于是发动百姓,并许诺:"能使伍子胥退兵的人,就能够获得国家的重赏。"虽然奖赏很诱人,但是连续三天都没有人来应征。

有一天,一个打鱼的青年前来应征。郑定公允许了,问要给他配多少兵马粮草。他却说:"什么都不需要,有我手中的船桨就行。"

郑定公虽然不信,但眼下也没有别人可用,所以只能让青年去试试。那青年真的就带着一支桨去了吴国兵营,见到伍子胥后什么都没说,只是拍打着桨唱起了歌:

芦中人，芦中人；
渡过江，谁的恩？
宝剑上，七星文；
还给你，还在身。
你今天，得意了；
可记得，渔丈人。

伍子胥听完一惊，赶忙问他："你究竟是何人？"青年说："我的父亲就是用我手中的桨养家糊口，也是靠着这支桨救了你的命。"

伍子胥想起当年在芦花渡口逃难，是一个打鱼的老翁用渔船帮自己渡江，救了自己的性命。

青年说："我的国家会给能够让您退兵的人奖赏，不知道您能否看在我父亲救过您性命的分上，放过郑国，让我能去领那些奖赏。"

伍子胥是懂的报恩的人，感激地说："我能有现在的成就，也是因为你父亲给了我重生的机会，我不会忘记这份恩情的。"于是就下令立即退兵。

思考与领悟

在接受了他人帮助之后千万不能忘记这份恩情，有机会一定要回报帮助过自己的人。这样的人才会有更多的好朋友，事业也会更加顺利，我们要做一个懂得感恩图报的人。

刚愎自用

出处

春秋·左丘明《左传·宣公十二年①》:"其佐先縠刚愎不仁,未肯用命。"

释义

固执己见、自以为是,听不进一点儿别人的意见。愎:任性;刚愎:强硬、固执;自用:自以为是。

典故

郑国是一个非常弱小的国家,经常遭到大国的侵扰。有一年,楚国国君楚庄王又率兵侵犯郑国,郑国国君郑灵公知道郑国不是楚国的对手,所以不得不选择议和。就在这个时候,晋国想出兵帮助郑国。晋国的领军统帅是荀林父,副帅是先縠。荀林父听闻郑国已经和楚国议和,于是决定收兵。

但是,先縠对荀林父说:"绝对不行!我们晋国正是因为军队英勇善战,不怕任何敌人,才能称霸诸侯。现在遇到敌人就

---

① 宣公十二年:公元前597年。宣公,鲁宣公。

撤退，这是胆小的行为。你想逃就逃吧，我是不会逃的；要是逃跑，那还不如去死！"说完，他就率领一部分军队渡过黄河，去攻打楚军了。这个时候，楚庄王正在黄河边上休整，准备返回楚国。一听说晋军已经渡过黄河，他便想尽快离开，避免和晋国发生冲突；可是他的近臣却坚决不同意。他说："我们不用害怕，他们的将领全是新派的，有勇无谋，尤其荀林父的副手先縠，刚愎不仁，不听指挥。再说了，您是楚国的国君，哪有看见敌人就避开的？"楚庄王觉得他讲得很有道理，立刻下令楚军和晋军交战，结果楚军大胜。

思考与领悟

副帅先縠不听统帅指挥，执意要攻打撤退的楚国，最后以失败收场。先縠的固执己见、刚愎自用不仅害了自己，也损失了大量人马。尊重他人，懂得合作的人才会取得成功；而刚愎自用、唯我独尊的人往往会成为孤家寡人，不得人心。

高朋满座

出处

唐·王勃《滕王阁序》:"千里逢迎,高朋满座。"

释义

高贵的宾客坐满了席位。形容来宾非常多。

典故

唐朝初期,有个著名诗人叫王勃,他六岁的时候就能写出优美的文章,是初唐四杰之一。

一天,他去看望被贬在交趾的父亲。路过江西南昌时,他打算拜访一下南昌的都督阎伯屿。恰巧,这天阎伯屿在滕王阁宴请宾客,王勃也应约而去①。

阎伯屿有个外甥,也是个才子。阎伯屿想借此机会让他的外甥显示一下才能,出出风头②,于是就让外甥依聚会的场面作一篇文章,让宾客们执笔写序。王勃年少气盛,不明白都督的用意,

---

① 应约而去:接受邀请去一个地方。
② 出风头:出头露面,故意表现自己(含贬义)。

不客气地写了一篇《滕王阁序》。写成后，大家佩服不已，惊异于他的才华，特别是"千里逢迎，高朋满座"更为人们所称颂。

思考与领悟

少年王勃才华横溢①，提笔写下了千古名篇《滕王阁序》，其中好多句子都让人叹为观止。我们要注意积累知识，只有经过长期的积累，才能在关键时刻一显身手。

---

① 才华横溢：很有才华，多指文学艺术方面。

功亏一篑

出处

先秦《尚书·旅獒》:"为山九仞,功亏一篑。"

释义

堆一个土山,只差一筐没有完成。比喻事情只差最后一点就把它放下,没能完成。功:所做的事;亏:缺少。篑:土筐。

典故

周武王知人善任,治国有方,周朝迅速强大起来。诸侯国纷纷前来朝贺①,边远的西戎人也特地派来专使,将西戎的名犬作为贺礼送给武王,武王觉得此犬非常稀罕。

召公对周武王说:"现在天下初定,四海臣服,附近大大小小的国家不是送来奇珍异宝②,就是送来土特名产,这是您的圣德让他们折服。玩赏之物是不能用贵贱来区分的。德高,物显得珍贵;无德,物就变得低贱。一个开明的君主,不该沉迷于声色

---

① 朝贺:向君王朝拜祝贺。
② 奇珍异宝:珍异难得的宝物。

享乐之中，更不能把人当作玩物，这样有损于德行；若将罕见的物品视为珍宝赏玩不休会消磨志气；不是本地的犬马畜生不必饲养；对人们衣食住行毫无补益的奇珍异兽也不该留下。不贪图别的国家送来的宝物，他们才会归顺你。对国君来说，最重要的是爱惜贤人，这才是国家的根本。贤明的君主要不断修正①自己的德行，大德是由小德积累而成。这就好比堆一座九仞②高的土山，即使只缺少一筐土这山也不算堆成。您是圣君，如果从这些方面完善自己，就可以世代稳坐天下了。"

武王觉得召公说得有理，便开始认真地治理朝政。

思考与领悟

道德品行是为官、做人的根本。品德不好的人，即使当了领导也难以服众。高尚的品德不是与生俱来的，要靠长期地历练和持之以恒地修炼③。在中国的传统文化中，个人修养备受推崇。孔子讲"为政以德"，孟子讲"修身，齐家，治国，平天下"，都把德行放在首位。

---

① 修正：改正，修改使正确。
② 仞：古代计量单位。
③ 修炼：原指道家修养练功、炼丹等活动，此指提高自身素养。

鼓盆之戚

出处

战国·庄周《庄子·至乐》:"庄子妻死,惠子吊之,庄子则方箕踞鼓盆而歌。"

释义

古时比喻丧妻的代称。鼓:敲;盆:瓦钵;戚:忧愁、哀伤。

典故

战国时,著名的哲学家庄子的妻子去世了,他的朋友惠子前来吊唁[1]。惠子到了庄子家,看见庄子手里拿着瓦盆,一边敲打一边唱歌。惠子不解地说:"妻子死了,你竟然一点儿也不伤心,真是无情无义[2]!"

庄子解释说:"不是这样的。妻子刚死的时候,我也很悲痛,可是仔细想想,人原本就没有出生,不出生就没有形体,没

---

[1] 吊唁:祭奠死者并对家属进行慰问。
[2] 无情无义:没有一点儿情义。形容冷酷无情。

有形体就没有元气[1]。后来恍惚之间，变化而有了元气，元气变化而有了形体，形体变化而有了生命，现在生命变化又回到死亡，这样循环变化，就好像春夏秋冬四季交替。人死后安息在天地之间，而我却呜呜痛哭，我觉得这是不通天命，所以就不再哭泣，还敲起了瓦盆。"

惠子听了这一番言论，也觉得很有道理。

思考与领悟

庄子的妻子去世了，他没有号啕大哭，反而敲打着瓦盆唱着歌；原来他认为人死后就会安息在天地之间，是一种自然现象。我们不得不佩服庄子，能把人的生死看得这么透彻。

---

[1] 元气：此处指人的精神。

固若金汤

出处

东汉·班固《汉书·蒯通传》:"边城之地,必将婴城固守,皆为金城汤池,不可攻也。"

释义

坚固得像金城汤池一样。形容城池或防线坚固,不易攻破。固:坚固;若:像;金:"金城"的简称,指坚固的城墙;汤:"汤池"的简称,指防守严密的护城河。

典故

武臣是秦末时期农民起义军领袖陈胜的部将,他英勇善战,计谋过人,在他的带领之下起义军占据了赵国的大部分地区,接着又兵临范阳。

当时有个能言善辩①的人叫蒯通,他对范阳县县令道:"我是本县的老百姓,名叫蒯通,因为听说你快死了,特来吊唁;不过我却可救你一命。"

---

① 能言善辩:形容能说会道,有辩才。

范阳县令徐公说:"我不明白你话的意思,你到底要干什么?"

蒯通解释说:"你身为秦朝官吏,害了不少人,武臣他们怎么能放过你?现在天下大乱,他们杀你还不容易吗?所以你快死了。不过我现在想,遇见武臣时,他一定会问我怎么才能攻下这县城,那么我就告诉他——

> 范阳这座城池本来是很坚固的,但是范阳县令怕死,准备向你们投降;他如果投降,你们怎么处置他?要是杀了徐公,各县城的官吏一定会互相转告说'范阳令投降,仍不免一死,还不如坚守'。于是,他们都会加强防御,各座县城都固若金汤,这就很难攻下了。我看还不如给范阳县令优厚的待遇,然后让他带着文告到燕赵各地走一遭。这样,各县城必然纷纷投降。

"相信我的这一番话,他一定会同意。所以说我可以让你活命。"

徐公听了蒯通的一番话很是心动,就央求蒯通代他走一趟,蒯通便依此行事。武臣听取了蒯通的建议。没费一兵一卒,起义军就拿下了燕赵的地盘。

思考与领悟

其实,劝说人不一定要"逆耳",只要讲究方法,就能达到出人意料的结果。这个故事里蒯通抓住双方的需求和顾虑,因势利导,循序渐进,最终劝说成功,达到事半功倍的效果。

害群之马

出处

战国·庄周《庄子·杂篇·徐无鬼》:"夫为天下者,亦奚以异乎牧马者哉!亦去其害马者而已矣。"

释义

原指危害马群的劣马,后比喻危害社会或集体的人。

典故

有一次,黄帝想到具茨山①拜见贤人大隗,便带人出发了。他们走到襄城②时迷了路。在这荒郊野外,正不知道如何是好时,他们遇到了一个放马的男孩。

黄帝问道:"你知道具茨山在什么地方吗?"

男孩答道:"知道。"

他又问道:"你知道大隗住在哪儿吗?"男孩也回答说知道。

---

① 具茨山:今河南省境内。
② 襄城:今河南省襄城县一带。

黄帝一听，十分高兴，说道："你这小孩真叫人吃惊，不仅知道具茨山，还知道大隗的住处。那我再问问你，你知道怎样治理天下吗？"

男孩说："其实治理天下，就像你们遨游野外一样，只管前行，不要无事生非①，把政事搞得太复杂。前几年我独自一人游历天下，常患头昏眼花的毛病。有一位长者教导我说'你要乘着阳光之车，在襄城的原野上遨游，忘掉尘世间的一切'。现在我的毛病已经好了，我打算游历更远的地方。所谓治理天下，跟这也差不多。"

黄帝觉得男孩说得有点含糊，他听得似懂非懂，就坚持问到底如何治理天下。男孩没办法了，便回答说："治理天下，就像我放牧马群一样，只要能把危害马群的马驱逐出去就行了。"黄帝大受启发，称牧童为"天师"，再三拜谢后才离开。

思考与领悟

国家就是一个大集体，只有排除那些干扰和危害，有了安定的环境，才能更好地发展壮大。

---

① 无事生非：无缘无故找碴儿，存心制造麻烦。

骇人听闻

出处

宋·朱熹《朱文公文集·答詹师书》:"浙中近年怪论百出,骇人闻听,坏人心术。"

释义

使人听了非常震惊。多指言行、事件等怪诞或诡异。骇:惊骇。

典故

南北朝至隋朝时期,有一个人叫王劭。无论朝代怎么更替,他都能在朝廷上做官。他其实并没有多高的才华,只是善于逢迎当权者,常借一些荒诞①的言论或怪异的现象来称颂本朝江山的稳固和兴旺。

有一次,王劭特意去觐见②隋文帝,说某处出现了一只神龟,它腹部的纹理竟然显现"天下杨兴"四个字,只可惜没能将这只

---

① 荒诞:虚妄而不可信。
② 觐见:进见,谒见。朝见君主。

神龟捕回来。隋文帝虽然并不相信他的话，但听着也非常高兴，毕竟这对杨氏王朝的统治还是十分有利的，就奖赏了他一番。

王劭看这招管用，就越发放肆起来。一段时间后，隋文帝的皇后去世了，王劭到处宣扬皇后是上天当神仙去了——她走的时候仙乐萦绕，天上还飘下好多的鲜花。众人根本不信，但也不敢说他胡说，只能附和着他夸皇后贤明。

王劭虽得皇上喜欢，却被朝廷里那些正直的人鄙夷，以至于后人在评论他时，说他是"骇人视听"。

"骇人视听"后来就渐渐地演变成了"骇人听闻"或"耸人听闻"。

思考与领悟

谄媚者蝇营狗苟①，他们费尽心思②地讨好上司只是为了给自己牟利。他们谄媚的对象是领导的身份和地位，并不是被领导的风采和才华所折服；所以，我们要离那些谄媚者远些，也不要让自己成为那样的人。

---

① 蝇营狗苟：比喻为了追逐名利，不择手段，像苍蝇一样飞来飞去，像狗一样的不识羞耻。
② 费尽心思：挖空心思，想尽办法。形容千方百计地谋算。

邯郸学步

出处

战国·庄周《庄子·秋水》:"且子独不闻夫寿陵余子之学行于邯郸与?未得国能,又失其故行矣,直匍匐而归耳。"

释义

比喻模仿别人不到家,反倒把自己原来的东西丢掉了。

典故

战国时期,邯郸是赵国的都城,这里的人走姿优雅①,一个个风度翩翩②,非常潇洒。有个小伙子,家住燕国寿陵。他很想去邯郸看看,打算学学邯郸人走路的样子,好回来炫耀。

他来到邯郸,觉得大开眼界,这满大街的人走路姿势各不相同,但是有个共同点就是优雅潇洒。他每天去街上仔细地看邯郸人走路,一边看还一边模仿。今天看这个人走得好看,就学这个人走路;明天看那个人走得好看,就学那个人走路,结果来来回

---

① 优雅:优美高雅。
② 风度翩翩:形容神态举止文雅优美,超逸洒脱。

回什么都没学会。等他想回老家寿陵的时候，他发现已经忘记自己原来是怎么走路的了！所以，他只好爬着回去了。

思考与领悟

那个燕国人今天模仿这个，明天模仿那个，最后连自己原来怎么走的都忘记了，真是让人哭笑不得[①]。每个人都有自己的长处，不要一味地追求完美，模仿别人，否则可能连自己原本所擅长的都失去了。

[①] 哭笑不得：哭也不好，笑也不好。形容又好气、又好笑，处境很尴尬，很无奈。

好逸恶劳

出处

南朝·宋·范晔《后汉书·郭玉传》:"其为疗也,有四难焉:自用意而不任臣,一难也;将身不谨,二难也;骨节不强,不能使药,三难也;好逸恶劳,四难也。"

释义

贪图安逸,厌恶劳动,专指好吃懒做的人。

典故

东汉和帝时,有个太医叫郭玉。他的医术很高明。和帝想要看看郭玉究竟有多大的本事,就找了一个侍从,这个人的手长得丰满细润,和女人的手差不多。和帝就让他和一个宫女站在帷帐后面,让他们把手从帐下伸出,让郭玉诊脉。

郭玉诊过脉后,对和帝说:"左边那只手是阳脉,右边那只手是阴脉,应该是一男一女。"和帝听了,非常惊奇,对他赞叹不已!

郭玉是一个仁义厚道的人,他给穷苦的百姓治病,总是药到病除[1]；给富贵的人治病，却常常没有很好的效果。和帝以为，郭玉是故意不给富人好好治病，就责备他。

郭玉却说："为人扎针治病，是要靠感觉的。人的皮肤肌肉那么细嫩、精密，一定要十分专注，不能有一点分心。那些尊贵的人对待我的态度，总是居高临下，让我有不安的情绪，所以我给他们治病有四难：他们总是自作主张，不按我的意思来；他们的态度毫不谦虚温和；他们的筋骨不够强壮，不好用药；他们还好逸恶劳。扎针的深浅是有一定要求的，全都靠用心体会和把握；可是我给他们治病时，又紧张又拘束，怎么能专心致志地治病呢！这就是我给富人治病常常治不好的原因。"

和帝一听，原来如此，也就不再怪罪他了。

思考与领悟

为什么郭玉给富贵的人治病总没有效果呢？其中有一点就是富人的态度倨傲，且好逸恶劳，让郭玉紧张又拘谨，无法把握下针的深浅。好逸恶劳是一种可耻的行为，我们每个人都应该热爱劳动，不能贪图享受。

---

[1] 药到病除：药一服下病就好了。形容用药效果非常好。

涸辙之鲋

出处

战国·庄周《庄子·外物》:"周昨来,有中道而呼者,周顾视车辙中,有鲋鱼焉。"

释义

水干了的车沟里的小鱼。比喻在困境中急待援救的人。涸:干;辙:车轮轧出的痕迹;鲋鱼:鲫鱼。

典故

战国时期的庄周,是著名的思想家、哲学家,是道家的代表人物之一。他年轻时家里很穷,经常靠借钱借粮过日子。

有一天,庄周家里没有米吃了;他听说有个熟人当了监河侯,便到这人家去借米。因为庄周很有学问,是个有名的人,所以监河侯对他很客气。可当庄周说明来意后,监河侯马上就不痛快了。他不想借粮,但又不好明说,就装出一副很慷慨①的样子,对庄子说:"要借粮?没有问题,过段时间等我收了稻谷后就派

---

① 慷慨:大方、不吝啬。

人给你送去。"

庄周一听，知道监河侯不愿意借粮给自己，却又假意充好人，就讲了一个故事讽刺他。庄周说——

> 我在来你家的路上，看到车轮轧出的沟里有一条鲫鱼正在泥浆中挣扎。它看到我，就赶紧呼救："我快要干死了。你能不能给我一点儿水喝，救我一命？"我很慷慨地对它说："可以！你在这里等着，我现在就到南方去见吴、越等国的君王，让他们同意我把西江的水开河挖渠引过来，那时你就得救了。"鲫鱼听了非常生气，说："我现在快要渴死了，只要给一点儿水就能救我，然而你却要到南方去放西江水来。等你回来，我早死了，你只能到干鱼店里去找我了！"

监河侯听了这个故事，明白庄周是在讽刺自己，羞得满脸通红。庄周讲完故事，头也不回地走了。

而后"涸辙之鲋"也称作"涸泽之鱼"或"涸辙枯鱼"。

思考与领悟

当别人向你求助的时候，如果决定帮对方一把，就拿出真情实意，不要虚情假意①。虚情假意不但不能骗过别人，还会让对方明白你其实是一个虚伪的人，日后也不会与你为友。

---

① 虚情假意：装着对人热情，不是真心实意。

狐假虎威

出处

西汉·刘向《战国策·楚策一》:"虎求百兽而食之,得狐。狐曰'子无敢食我也。天帝使我长百兽,今子食我,是逆天帝命也。子以我为不信,吾为子先行,子随我后,观百兽之见我而敢不走乎'。虎以为然,故遂与之行,兽见之皆走。虎不知兽畏己而走也,以为畏狐也。"

释义

狐狸假借老虎的威势,借以比喻依仗他人的权势欺压、恐吓人。

典故

战国时期,楚国有一位非常能干的大臣,他叫昭奚恤。有一次,楚宣王召集大臣们开会议事,问大臣们说:"我听说北边的邻国都非常惧怕昭奚恤,真有这样的事情吗?"

这时,有个名叫江一的大臣,嫉恨昭奚恤,便乘机对楚宣王说:"大王,怎么会有这样的事情呢?邻国并不是害怕昭奚恤,而是害怕您呀!"紧接着他讲了一个故事:在大森林里,一只老虎遇到了一只狐狸，狐狸见已经来不及逃跑了，就故作镇定地对老虎说："我是天帝派到森林里做万兽之王的，你竟然敢吃我！"老虎看见狐狸非常瘦小，就有一些不相信。狡猾的狐狸见老虎不相信自己的话，就急忙说道："如果你不相信我说的话，你就跟着我去林子里走一走，看看那些野兽，见了我害怕不害怕！"老虎听后，觉得有道理，就答应了。狐狸大模大样地在前面走着，老虎紧跟在它的后面。森林里的动物们，看见老虎来了，都吓得拼命地逃跑；但是老虎并不知道野兽们害怕的是它，还以为它们是真的害怕狐狸呢。

讲完故事后，江一对楚宣王说："大王，您现在拥有五千多里的地盘，还有几百万非常勇猛的士兵，这些都属于昭奚恤管辖；所以北边的邻国都很害怕他。但是，他们真正害怕的是您的兵马，就像森林中的百兽都害怕狐狸后面的老虎。"

楚宣王想了想，认同了江一的说法。

思考与领悟

狐狸是在借着老虎的威风和势力让老虎认为百兽怕的是狐狸，由此保全了自己。这个成语常常比喻依仗别人的权势来恐吓他人，但是迟早会露出马脚。

囫囵吞枣

出处

北宋·圆悟禅师《碧岩录》卷三:"若是知有底人,细嚼来咽;若是不知有底人,一似浑仑吞个枣。"

释义

原指把枣整个儿吞下去,不用牙齿咀嚼。后比喻对所学的知识生吞活剥[1],不加理解。囫囵:整个儿。

典故

从前,有一人总喜欢自作聪明[2]。有一次,他问一位老医生:"大夫,您说吃哪种水果对身体最有好处呢?"老医生回答道:"每种水果都有自己的特性,每种水果都对人的身体有好处,但是不论什么,吃多了,都会给身体带来害处。例如,吃梨对牙齿有好处,但梨吃多了,会损伤脾胃,而枣有健脾的作用,但枣吃

---

[1] 生吞活剥:原指生硬搬用别人诗文的词句。现比喻生硬地接受或机械地搬用经验、理论等。
[2] 自作聪明:自以为聪明而乱作主张。指过高地估计自己,主观地办事。

多了，对牙齿又不好。因此，吃什么水果都要适量。"

这个人听了老医生的话，摇头晃脑地说："我倒是有办法可以既得到水果对人体的好处，又避免它对人体的伤害。"老医生就问："什么好办法呀，你能告诉我吗？"

"我的好办法就是：不同的水果，采用不同吃法。例如吃梨时，只在嘴里嚼，不往肚子里咽；吃枣时，就不用牙齿咀嚼，整个儿吞下去。这样，既不会伤到脾胃，又不会伤害到牙齿，不就有益无害了！"

老医生听后，不由得笑道："你这个办法可不怎么样。照你这样说，吃梨只嚼不咽勉强可以做到，但吃枣不嚼而咽，就很难了；而且你这样囫囵吞枣，也尝不到什么滋味啊！"

思考与领悟

这个自作聪明的人竟然要把枣整个儿吞下去，这样的确是伤不到牙齿了，但吃的枣没有消化，又有什么用呢？我们看书学习也是一样，要把知识细细品味，才能更好地消化理解，囫囵咽下去是没有用的。

华而不实

出处

春秋·左丘明《左传·文公五年①》:"且华而不实,怨之所聚也。"

释义

原指花开得好看,但不结果实。比喻外表好看,内里空虚;也喻指看似很有学问,但实际腹中空空的人。华:通"花",开花;实:果实,结果。

典故

春秋时期,晋国有个叫阳处父的大臣。这位大臣仪表堂堂②,所以第一次见面总会给人留下很好的印象。有一次,他奉命出使卫国,返回晋国的途中,在宁邑一家客栈住宿。

这家店主姓嬴,他见阳处父仪表不凡、举止优雅,顿时心生好感,把他照顾得无微不至。晚上,店主对妻子说:"我早就想干一番大事业,想投靠一位品德高尚的人。这么多年来,我一直

---

① 文公五年:公元前 622 年。
② 仪表堂堂:形容人相貌端正,仪容庄严大方。

在寻找这样的人，却一直没找到。我看今天来的这个阳处父挺不错，一看就像个成大事的，也许他就是上天派来引导我的人，我决定跟他去了。"而这位店主夫人也希望丈夫能从此平步青云。第二天，店主征得阳处父同意，就告别妻子，跟阳处父走了。

可是，几天后，店主又回到了家中。妻子见丈夫走了没几天就回来了，非常纳闷，问道："你好不容易遇到这么个人，怎么才过了几天就返回来了呢？"

店主说："我见这个人仪表堂堂就对他产生了好感，可是经过这几天的接触，我发现他思想偏激，而且喜欢夸夸其谈①。不干实事，华而不实。这样的人容易和别人结仇，不会有好下场的。我担心跟着他不但不能获益，反而会受连累，所以，还是趁早离开他吧。"后来，阳处父果然不得善终。幸好这位店主及时发现了阳处父华而不实的缺点，才没被他连累。

思考与领悟

姓嬴的店主因为阳处父不凡的外表而跟随他，又因为他不实的内在而离开他。华丽的外表总能给人良好的印象，但又最容易蒙骗众人。现实生活中，我们与人交往，不能只注重外表，还要看他的德行和学识，否则就有可能引祸上身。

---

① 夸夸其谈：形容说话浮夸不切实际。

画龙点睛

出处

唐·张彦远《历代名画记·梁》:"武帝崇饰佛寺,多命僧繇画之……金陵安乐寺四白龙,不点眼睛,每云'点睛即飞去'。人以为妄诞,固请点之。须臾,雷电破壁,两龙乘云腾去上天,二龙未点眼者见在。"

释义

原本形容张僧繇作画的精妙。后比喻说话或写文章时,在关键的地方用几句精辟的语句点明要旨,使内容更加生动传神。

典故

南北朝时期,梁朝有位著名的画家叫张僧繇,他的画十分传神。画的动物,像是会蹦跳;画的人物,像是能说话,达到了惟妙惟肖①的境界。皇亲贵族、富商大贾都争先恐后地想要得到他的画。

有一年,张僧繇给金陵安乐寺作壁画。他画了四条龙,鳞甲俱全,栩栩如生。四条张牙舞爪的龙好像随时会腾空飞去,真是

---

① 惟妙惟肖:形容描写或模仿得非常逼真。

活灵活现。附近的老百姓听说张僧繇画的四条龙就像真龙一样，纷纷跑来观看，看后都赞不绝口。

忽然，有人发现了一个问题，于是大声叫道："咦，这龙为什么没有眼睛呀？"大伙儿仔细一瞧，这四条龙真的都没有眼睛，刚才只顾着赞叹，竟没有注意。于是，大家七嘴八舌地问张僧繇："你为什么不画眼睛呀？"随后，张僧繇说了一句让大家感到意外的话："如果画上眼睛，它们就会飞走了。"

人们一阵哄笑。这个说："你骗人呢吧？画在墙上的龙难道还会变成真的吗？"那个道："你这话说得太玄乎了，现在请你给龙画上眼睛，让我们瞧一瞧它们是不是真的会飞走。"

张僧繇没有办法推辞，就拿起笔来，给壁画上的龙轻轻点上眼睛。于是，奇迹发生了！他刚点完第二条龙的眼睛，突然电光一闪，轰隆一声响雷，顿时风雨交加，昏天暗地，只见两条龙奋力挣脱了墙壁，腾空而起，很快就不知去向了。墙壁上就只剩下两条还没有点上眼睛的龙。所有目睹张僧繇画龙点睛的人都啧啧称奇[①]。

思考与领悟

张僧繇画的龙生动逼真，一定是下了很多功夫，日夜临摹揣测。我们在日常生活和学习中要向张僧繇学习，仔细观察反复揣摩，这样才能在说话或写文章时，在关键的地方点明主题，让语言和文字足够生动。写文章切勿长篇大论却没有精彩之处。

[①] 啧啧称奇：咂着嘴称赞它的奇妙。

画蛇添足

出处

西汉·刘向《战国策·齐策二》:"蛇固无足,子安能为之足?"

释义

原意是画蛇时给蛇添上了脚。后来比喻做了多余的事,不但没有好处,反而失了先机。

典故

春秋时期,楚国有一家人,祭完祖宗之后,准备将剩下的一壶酒,请帮忙办事的人喝。但是,帮忙办事的人太多了,如果请大家都喝,那可是不够的,还不如让一个人喝个够,那该给谁喝呢?

大家都觉得让一个人尽兴喝更好,这时有人建议:每个人在地上画一条蛇,谁画得又快又好,这壶酒就归谁。大家都认为这个方法好。于是,众人都在地上画起蛇来。

有个人很快就画好了,他端起酒壶就要喝酒,但他回头看看别人,还都没有画好呢。他心里想:"他们画得真是太慢了!"

于是他又想显示自己的本领，扬扬自得地说："你们画得真是太慢了啊！我再给蛇画几只脚也不算晚呢！"说完竟然真的给蛇画起脚来了！

就在他一边画着脚，一边说话的时候，另外一个人已经画好了。那个人马上把酒壶从他手里夺过去，说："你见过蛇吗？蛇是没有脚的，现在你为什么要给它添上脚呢？所以第一个画好蛇的人不是你，而是我了！"

那个人说完就仰起头来，咕咚咕咚[①]地把酒喝光了。

思考与领悟

画得最快的人得意忘形，给蛇又添上了脚，结果弄巧成拙，没有喝到美酒。这个故事提醒我们做人做事要头脑清楚，不要做多余的事。

[①] 咕咚咕咚：形容喝水的声音。

黄粱一梦

出处

唐·沈既济《枕中记》:"怪曰'岂其梦寐耶'。翁笑曰'人世之事亦犹是矣'。"

释义

比喻富贵荣华就像一场梦,虚幻而短暂。黄粱:黄米。

典故

唐朝开元年间(713—741),书生卢生独自去京城赶考,傍晚在一家客栈投宿。此时,店主人正在蒸黄米饭,店中还有一位道士吕翁。卢生闲来无事,想找人聊天,于是上前与吕翁攀谈,两人谈得非常投机。卢生说:"大丈夫应当出将入相,我却至今一事无成!"吕翁笑着说:"这个其实一点儿也不难。"说着,他取出一个枕头,对卢生说:"你现在枕着这个枕头睡一觉,就能称心如意了。"

卢生将信将疑,接过枕头,和衣睡下,没过多久便进入了梦乡。他梦见自己中了进士,还娶了漂亮的富家小姐为妻。后来,他当上河西节度使①，成功击败吐蕃②，得胜而归，成了宰相。但没想到奸臣诬告他谋反，皇帝下令逮捕他，把他流放到远方。自此，他过上了艰苦的生活。

几年后，皇帝为他平了反，让他官复原职，还赐给他很多珍宝。卢生活到八十多岁，子孙满堂，他这一生没有什么遗憾了。

卢生一觉醒来，发现自己还睡在客栈里，旁边仍然坐着吕翁，再瞧瞧灶台，店主人蒸的黄米饭还没熟呢！

思考与领悟

卢生感叹自己时运不济、一事无成，吕翁给他一个枕头，让他在梦中享尽荣华富贵，经历了人生的顺境和逆境。卢生醒来大彻大悟，明白了"是非成败都是转头一场梦"的道理。生活中有顺境，也有逆境，我们要学会调节自己的心态，才能收获美好的人生。

---

① 河西节度使：古代官名。

② 吐蕃：我国古代少数民族。

鸡犬不宁

出处

唐·柳宗元《捕蛇者说》:"哗然而骇者,虽鸡狗不得宁焉。"

释义

鸡狗都不能安宁,形容被骚扰得厉害。

典故

唐朝中期,政治上十分混乱。宦官专权,藩镇割据,统治者无情地搜刮民脂民膏①,不顾朝政只知道享乐,穷苦的老百姓生活在水深火热②之中。

永贞元年(805),柳宗元被贬到永州担任司马。在做司马期间,他深刻地体会到了老百姓的生活多么悲惨。

永州那个地方,生长着一种毒蛇,毒性很大——只要它爬过的地方,草木就会枯死;如果人被它咬到,必死无疑。可是,这个地方却偏偏有不怕死的人,他们不但不害怕,还专门以捕这种蛇

---

① 民脂民膏:多指反动统治阶级压榨人民来养肥自己。脂、膏:脂肪。
② 水深火热:像水那样越来越深,像火那样越来越热。比喻所处的境地极为恶劣。

为生呢！

柳宗元就遇到了这样一位捕蛇人，这个人祖孙几代都以捕蛇为生，他的父亲和祖父，都是被毒蛇咬死的。但是他还是以捕蛇为生。柳宗元觉得这真是太危险了，就问他："这么危险的事情，而且还很劳累，你为什么还要做呢？"

捕蛇者说："这一行确实不好干，但是比起种田，收入要高出好几倍呢！这里种田的人更加困苦，他们种的粮食只够缴纳租税，自己都吃不饱，甚至有些人都饿死了。大家走的走，逃的逃，这里没剩下多少人了，我能留在这儿还算是幸运的呢！"

柳宗元很是纳闷，就问他原因。捕蛇者气愤地说："都是那些贪官，他们经常来这里，逼迫大家交各种税，就连村子里的鸡狗也不得安宁啊！我已经很幸运了，每年交几条蛇就行，所以我宁可冒着生命危险去捕蛇，也不愿意去种地。"

柳宗元听了，非常震惊，愤怒之下写了《捕蛇者说》，揭示了当时社会的悲惨现状。

思考与领悟

如果一个国家的公民要承受过重的赋税，那么公民的生活就得不到保障，这个国家也不会安定繁荣。

价值连城

出处

西汉·司马迁《史记·廉颇蔺相如列传》:"赵惠文王时,得楚和氏璧。秦昭王闻之,使人遗赵王书,愿以十五城请易璧。"故此,此璧被称为"连城璧"。

释义

形容物品非常贵重。连城:连在一起的很多城池。

典故

春秋时期,有个楚国人叫卞和。有一天,他在荆山发现了一块玉璞。

这块玉璞外面包着一层石质,只要把石质除去,就能雕琢成世间罕见的玉璧。卞和是个憨厚诚实的人,就直接抱着玉璞来到王宫,献给楚厉王。厉王让手下大臣们传看。大臣们左看右看,都说是一块石头,厉王十分生气。这时,卞和请求让雕玉的技师检验，雕玉的技师见这块玉璞很大，便非常肯定地说这不是玉，是石头。厉王气坏了，给卞和定下欺君的罪名，命人砍掉他的左脚。卞和为此非常伤心。

楚厉王死后，楚武王即位。卞和认为武王一定会识宝，便又带着玉璞献给武王。武王让手下大臣传看过后，又亲自观察那块玉璞，怎么看也不像一块玉，于是把雕玉的技师叫来鉴别。那个技师一口咬定是石头，这下武王非常愤怒，下令砍掉卞和的右脚。

楚武王死后，楚文王即位。卞和吸取教训，不再去王宫献宝，而是抱着玉璞在荆山下痛哭，他哭了三天三夜，泪水都哭干了，甚至流出血来。很快，这个消息就传到了王宫，文王知道后立刻派人去调查这件事。

派去调查的人问卞和，这样痛哭是不是因为两只脚被砍掉。卞和停止痛哭，理直气壮[①]地说："我不是为自己而哭，我悲伤的是，分明是天下无双的玉璞，却被大家认为是石头，白白地被埋没了；分明是诚实的人，却被判犯了欺君之罪，我觉得这世道太不公平了！"调查人把卞和的话传文王。文王立即召卞和进宫，又命令雕玉技师剔除玉璞外面的石质。经过技师的精心雕琢，文王终于得到一块晶莹的玉璧，果然世间罕见，价值连城，文王把这块玉璧作为国宝，称为"和氏璧"。后来还因为这块和氏璧引出了另一个故事呢。

---

① 理直气壮：理由充分，说话气势就壮。

思考与领悟

原来价值连城的"和氏璧"的"和"就是卞和的"和"。卞和为了一块珍贵的玉璞失去了两只脚,却仍然要把它献给皇帝,真是执着!在成长的过程中,我们做的某些事可能当时得不到别人的理解和认可,但只要坚持正确的方向,终有一天我们会得到社会的认可和理解。

见利忘义

出处

东汉·班固《汉书·周缑传》:"夫卖友者,谓见利而忘义也。"

释义

见到有利可图就不顾道义。

典故

刘邦死后,他的妻子吕后掌握了大权。她想让自己的家族执掌天下,所以就想把原来的大臣们都杀掉。她把自己的两个侄子吕产、吕禄全都封王,让他们掌握了军政大权。后来吕后死了,周勃、陈平和一群老臣秘密商量,要铲除吕氏家族。

但是吕禄掌管着军队,没有军队就办不成事。于是,他们想到了郦寄,原来,郦寄和吕禄是非常好的朋友,要是让他去把吕禄骗出来,那杀掉吕禄就很简单了。吕禄和郦寄一起出城打猎,周勃和一些老臣趁机控制了军队,把吕后的族人全给杀了。

后来郦寄被封为将军。人们都说,郦寄靠出卖朋友换来利益。这就是"见利忘义"的由来。

思考与领悟

郦寄被封为将军是靠出卖朋友吕禄换来的,他这种行为就是见利忘义。诚实守信①是中华民族的传统美德,我们不能因为眼前的利益而忘了做人的基本准则。我们应该用诚实的心去面对社会,面对家人。

---

① 诚实守信:说话算话,对别人有信用。

出处

南朝·梁·钟嵘《诗品》:"初,淹罢宣城郡,遂宿冶亭,梦一美丈夫,自称郭璞,谓淹曰'我有笔在卿处多年矣,可以见还'。淹探怀中,得五色笔以授之。尔后为诗;不复成语;故世传江淹才尽。"

释义

原指江淹少有文名①,晚年诗文无佳句。比喻人的文采思情衰退。江郎:南朝文学家江淹;尽:完,没了。

典故

南北朝时期,有个人非常有名气,他叫江淹。他是个文学家,连续在宋、齐、梁三代做过官,所以担任过很多官职。

江淹小的时候家里很穷,他父亲又去世得早,所以他很小的时候就去山上砍柴,并靠卖柴维持生活。虽然家里穷,但他一直刻苦求学,学有所成之后,写了很多精彩的文章和诗作。很快他就出了名,得到了朝廷的重用。

---

① 少有文名:少年的时候就有文采名声。

可是江淹老了之后，他写文章不再那么精彩了。诗篇里也没有什么佳句。人们都摇着头说："看来，江郎才尽了呀！"

那么，到底是怎么一回事呢？可能是他做了官以后，生活好了，学习也不刻苦了，写文章也不用心了，所以就退步了。

因为这个事情还有了一个神话传说呢！传说有一天，江淹做了一个梦，梦到有人走来对他说："以前我把一匹锦缎存在了你怀里，现在还给我吧！"他一摸怀里，果然有，于是就将锦缎还给了那个人。江淹醒了之后，再拿起笔写文章，就写不好了。

还有人说江淹晚上在冶亭住宿，一个俊秀的男人走向他，笑着说："我是郭璞，当初我把一支笔放在你这里，现在我想要回去。请还给我吧！"江淹果真在自己怀里摸到一支五彩笔，就把笔还给了他。之后他写的文章就越来越不好了。

思考与领悟

江郎年轻时写的文章十分精彩，受到了大家的肯定和推崇，但是为官之后便不再努力学习，这才使得他失去了丰富的文采思情，再也写不出好文章了。所以，没有人是能够不努力就变得优秀的，想要一直优秀下去，就需要不断地学习和积累，不然就会江郎才尽了。

脚踏实地

出处

宋·邵雍《邵氏闻见录》卷十八:"公尝问康节曰'某何如人',曰'君实脚踏实地人也'。"

释义

脚踏在坚实的土地上。比喻做事踏实,认真。

典故

司马光是北宋著名的政治家和历史学家。他从小就非常喜爱研究历史,读了许多书。宋英宗时,他受命主编《资治通鉴》。司马光用了整整十九年才编写完这部著作。为编写这本书,他天不亮就起床,一直写到深夜,有时甚至整夜都不睡觉。他担心自己睡得太久会耽误工作,特地制了一个圆木"警枕",以免自己睡得太死。为保证著作的准确严谨,司马光收集了大量的材料,细心筛选,再加以剪裁润色而成定稿。许多篇章,他都反复地修改,例如唐代部分本来有六百多卷,最后定稿精简到八十卷。全书编成时,共二百九十四卷,另有目录三十卷,《考异》三十卷，包括上起战国下至五代，共一千三百六十多年的历史。这样一部巨著，整篇都用楷书抄写得工工整整，清清楚楚。剩下的废稿残稿堆放了两间屋子。

在这项艰巨的工作中，司马光严肃认真的态度，赢得了人们的赞扬。北宋著名哲学家邵伯温称赞他："你可真是个脚踏实地的人啊！"

思考与领悟

故事里的司马光不怕辛苦，以严谨的态度用长达十九年的时间完成《资治通鉴》这部巨著，多么让人佩服呀！这个故事告诉我们，不管做人还是做事都要勤勤恳恳[①]，脚踏实地。

---

① 勤勤恳恳：形容勤劳踏实，也形容勤恳的样子。

狡兔三窟

出处

西汉·刘向《战国策·齐策四》:"狡兔有三窟,仅得免其死耳。"

释义

狡猾的兔子通常都会准备好几个窝藏身。比喻隐蔽的地方或方法多,做了充分的准备。

典故

春秋战国时期,一些国家的大臣喜欢结交有本领的人,让他们做自己的门客,给自己出谋划策,借此提高自己的声望,巩固自己的地位。这种做法在当时成了一种风气。

齐国有个叫田文的人,被封为孟尝君。有一天,一个叫冯谖的人穿着草鞋,风尘仆仆①地来投奔孟尝君。孟尝君收留了他,但是并没有见他出谋划策,只是每天听到他抱怨吃不好,穿不暖。孟尝君给他好吃好喝,满足他。他又抱怨没有车子,孟尝君又满

---

① 风尘仆仆:形容旅途奔波,忙碌劳累。风尘:行旅,含有辛苦之意。仆仆:行路劳累的样子。

足了他。后来他居然说没有房子,孟尝君知道后,很不高兴。过了一年多,冯谖再没有说什么,当时孟尝君已经是齐国的相国了,门客也达到三千多人,他的收入都不够门客的费用,于是派人去自己的封地收租税。被派去的人去了一年,也没有收回钱来。孟尝君非常发愁,就向门客们寻求帮助。这时,冯谖自告奋勇去收租税。

到了封地薛城,冯谖召集所有欠债的人参加聚会,并收到了十多万钱。他用这些钱买了牛肉和酒之后,又召集所有欠债的人,和大家对了借条后,便和众人饮酒吃肉。过了几天,又和大家对了一遍借条,还和能还债的人约定了还债的日期。对于确实还不上债的人,冯谖当众烧毁了他们的借条。他对大家说:"孟尝君向外借款,就是为了帮助大家解决困难,并不是为了获取利息。这次之所以来收取利息,是因为他没有钱供养门客了。现在能交钱的定好了日期,穷人的借条烧了就不用再交了。这都是孟尝君的意思,大家一定不要忘记啊!"听到这番话,大家都感谢孟尝君。

孟尝君听说冯谖自作主张①把借条烧了,非常气愤。他把冯谖急召回来责问道:"我是因为钱不够用了,才让你去收账的。你得了钱却买了牛肉和酒,还烧了借条,这是为什么?"冯谖不慌不忙地说:"不准备酒菜,欠债的人就不会都来。有钱的人,给他们定了还债的日期;没有钱的人,就是宽限他十年,再加上越来越多的利息,他更是还不起,到时他就会逃亡。所以烧掉这些借条,让薛城的人感念您的恩德,不是很好吗?"孟尝君有苦说

---

① 自作主张:没有经过上级或有关方面同意,就擅自处置。

不出，十分懊恼，更加不喜冯谖。

后来，齐国罢免了孟尝君的相国之位，他只好到薛城生活。薛城的老百姓听说孟尝君回来的消息，出城数十里来欢迎孟尝君。孟尝君这才知道冯谖的重要。于是孟尝君亲自拜谢冯谖。冯谖说："狡猾的兔子，挖三个洞，才能保住自己不遭危险。您现在只有一个洞，请让我再为您挖两个。"孟尝君应允，送给他车子和金子，冯谖就去说服了魏王。魏王派使者请孟尝君去魏国任相国。这时齐国国君听说了，十分惶恐，赶紧重新任命孟尝君为相国，并恳求他看在先祖的面子上，继续帮自己治理齐国。冯谖对孟尝君说："现在三个洞都挖好了，您可以高枕无忧[①]了。"

孟尝君又稳稳当当地做了几年相国，一帆风顺。

思考与领悟

冯谖自作主张烧掉了穷人的欠条，这个举动虽然让孟尝君十分生气，但后来他体会到冯谖那么做的用意。冯谖为了孟尝君四处奔波做准备，最终孟尝君在冯谖的帮助下恢复了官职。这个故事告诉我们，在生活中也可以为某件事做好几种不同的准备，这样在事情发生的时候才不会毫无对策。

[①] 高枕无忧：垫高枕头睡觉，无忧无虑。比喻处境安逸，没有危险。

矫枉过正

出处

南朝·宋·范晔《后汉书·仲长统传》:"逮至清世,则复入于矫枉过正之检。"

释义

为了把弯曲的东西扭直,超过了正常限度,结果反而又弯向另一边。比喻纠正谬误、错误或偏差超过了应有的限度,出现了新的问题。一般含有贬义。矫:纠正,变弯为直;枉:弯曲。

典故

周武王灭商后,吸取了夏、商两朝灭亡的教训,按五等爵①大封诸侯王,共封了八百个王国,通过区域管理来巩固周王朝。但可惜的是,分封的诸侯王并非一心扶助周室。他们为取得更多的利益,总是互相争夺,连年征战。不断被战争消耗的周王朝开始衰落下去。

地处关中的秦国,在公元前221年统一了六国,建立了秦王

---

① 五等爵:公、侯、伯、子、男五等爵位。

朝。秦始皇废除诸侯分封制，设三十六郡，加强中央集权，使国家更加稳定。但秦王朝残暴的专制统治，使得地主和农民之间的阶级矛盾加深，到了秦二世，就爆发了以陈胜、吴广等为首的农民大起义。

汉朝建立后，汉高祖刘邦认为秦王朝的灭亡是因为废除了诸侯分封制，造成自己孤立无援[①]。他决定修正这一制度，恢复分封制，立二等爵[②]，大封功臣。如此，诸侯国又开始叛乱不休，导致政局动荡不安[③]。

汉景帝时发生了吴楚七国叛乱，他不得不将诸侯国的官吏任免权收回。东汉史学家班固的《汉书·诸侯王表序》中如此评论：汉初恢复分封制，致使有些诸侯国跨州兼郡，有城市数十座，宫室百官制度同中央一样，这可真是矫枉过正啊！

思考与领悟

人非圣贤，孰能无过。在人生的道路上，我们不可避免地会走弯路，犯错误，这并不是坏事，也不可耻。我们要勇于承认和改正错误，但改错是有一个正常限度的。如果矫枉过正，反而会带你走向另一个极端。这些时候，我们不妨多听听他人的建议，也许会少走一些弯路。

[①] 孤立无援：只有一个人或一方面的力量，得不到外力援助。
[②] 二等爵：王、侯。
[③] 动荡不安：形容局势不稳定，不平静。

嗟来之食

出处

西汉·戴圣《礼记·檀弓下》:"予唯不食嗟来之食,以至于斯也。"

释义

带有侮辱性的施舍。

典故

春秋时期,有一年,齐国发生了严重的天灾,粮食颗粒无收,百姓都吃不上饭,有许多人饿死了;没死的饿得皮包骨头,不得不逃荒要饭。

有个叫黔敖的财主,家里积囤了许多粮食。看到今年的灾情这么严重,手下有个人就向他提议说:"外面的饥民都已经好多天没有饭吃了,您要是熬点稀粥给他们喝,他们就会对您感恩戴德①,您一定能得到一个好名声。"

黔敖听了,觉得很有道理,就真的在路旁架一口大锅,熬了稀粥,施舍给那些路过的饥民。那些饥民一个个都饿得受不了

---

① 感恩戴德:感激别人的恩惠和好处。

了，见黔敖施舍稀粥，都对他千恩万谢的。黔敖心中非常得意，忍不住就趾高气扬①起来。

这时，又有一饿汉走了过来，只见他用破烂的衣袖掩着脸，脚上拖着一双破鞋，走起路来东倒西歪的，浑身没有一点力气。一看就知道，他肯定好几天没有吃东西了。

黔敖见了，就用勺子敲着锅沿，对那个人叫道："喂！过来吃吧！"语气里充满了居高临下的得意。

奇怪的是，饿汉对锅里的稀粥看都不看一眼，只是扬起脸，注视着黔敖，说："我就是因为不肯受这种轻蔑呼喝，才饿成这个样子的。我宁可饿死，也不会吃的。"

饿汉说完，蹒跚地向前走了，至死也没有吃这财主的一口饭。

思考与领悟

宁可饿死，也不吃"嗟来之食"，这是一种中华民族自古就传颂和坚守的骨气。骨气是说无论受到怎样的压迫或威逼利诱，都始终如一地坚持自己的原则。

---

① 趾高气扬：走路时脚抬得很高，神气十足。形容骄傲自满、得意忘形的样子。

截发留宾

出处

南朝·宋·刘义庆《世说新语·贤媛》:"晋陶侃少家贫。一日大雪,同郡孝廉范逵往访,陶母湛氏剪发卖以治馔款客,并锉碎草荐以供其马。"

释义

陶侃之母为招待宾客而截发变卖,换取米粮。后比喻女性待客十分诚挚。

典故

东晋时期,范阳有个孝子叫范逵。有一天,他路过陶侃家,便去投宿。当时,陶侃虽然很有名气,但是家里贫穷,他和他的母亲湛氏相依为命①,艰难度日②。这几天连续下雪,陶侃家裹腹、取暖都成了问题。看到范逵带着车马前来借宿,陶侃发愁了:"这么多的人马,咱家怎么招待啊?"

他的母亲湛氏则坚定地说:"你去留住客人,我去想办法招

---

① 相依为命:互相依靠着过日子。
② 艰难度日:日子过得很艰难,度日如年。

待客人。"

湛氏把乌黑的长发剪下来几绺,拿到集市上卖了钱,买回了几斛米;把屋子的木柱劈下一半,当作柴火;又把家里坐的草垫,铡碎了喂马。湛氏这样用心招待客人,范逵十分感动,他说:"只有这样的母亲,才能培养出陶侃这样优秀的儿子啊!"

后来,"截发留宾"这个成语就流传下来了。

思考与领悟

你是不是也被陶侃母子的待客之道感动了?他们的真诚、善良、淳朴,感动了很多人。所以,我们待人待客时也要像他们一样,做到热情、礼貌,而最重要的是诚心诚意。

出处

西汉·刘向《新序·杂事四》:"熊渠子见其诚心,而金石为之开,况人心乎?"

释义

只要诚心诚意,金石都可以被打开,比喻只要心诚志坚,努力去做,任何事情都能做到。

典故

很久以前,周朝楚地有个人叫熊渠子,他从小就特别喜欢射箭。刚开始练箭的时候,他首先练的是臂力,然后是眼力。当臂力和眼力都达到非常高的水平后他仍不满足,千方百计地想着如何提高箭法。

有人对他说:"你现在射箭是靠技巧,还算不上是最厉害的。最厉害的箭法是用心来射箭,靠心射出去的箭,威力才是最大的。"

熊渠子听了之后，翻来覆去①地想这句话，终于豁然开朗②，练箭就更加刻苦了。

一天夜里，熊渠子正一人在山路上行走，突然发现前面不远处蹲着一只老虎。他大吃一惊，但是很快就镇定下来，心想：这是我验证自己箭法的大好机会，没有什么好害怕的。于是他迅速取弓搭箭，对准老虎，拉满弓后一箭射去。只听"嗖"的一声，弓箭正中目标。

奇怪的是，对面的老虎居然一点儿动静都没有。"这是怎么回事啊？"熊渠子心想，"我这一箭射过去，一定可以将老虎射死。可是它怎么一点儿动静都没有呢？"他心生疑虑，壮着胆子走过去一看，不禁哑然失笑③。原来那根本就不是老虎，而是一块大石头。熊渠子仔细观察那支箭，发现那支箭竟然射进坚硬的石头里了，连箭羽都没入石头中了。

熊渠子夜中射石的事被人们传开了，于是越来越多的人夸赞他箭法高超。之前指点熊渠子的那个人感慨万千："熊渠子用心射箭，金石也能被打开啊！"

> **思考与领悟**

熊渠子用心去射箭，才能将箭深深地射到大石头中。这个故事不仅表现了熊渠子高超的箭法，也说明无论做任何事情只要一心一意全身心地投入，就能将事情做到最好。

---

① 翻来覆去：形容一次又一次。也形容来回翻动身体。
② 豁然开朗：比喻突然领悟到一个道理。
③ 哑然失笑：不由自主地笑出声来。

井底之蛙

出处

战国·庄周《庄子·秋水》:"井蛙不可以语于海者,拘于虚也。"

释义

住在井底的青蛙认为天空只有井口那么大。比喻见识短浅的人。

典故

一口井里住着一只青蛙,尽管空间不大,它却无忧无虑、自得其乐①,独占这块地方生活了很久。但是,凡事都是有利有弊的。它只知道井底这一小块天地,井口上有块不大的天空,射进一缕光线,周围细微之处有些什么东西,它都知道得非常清楚。至于井外的世界有多大,它却是一点儿也不了解,以为这井底就是整个世界。

一天,井口上出现一只大鳖,这只大鳖来自东海。它毕竟是

---

① 自得其乐:自己能从中得到乐趣。

来自远方的客人，于是青蛙便同大鳖闲聊起来。东海的大鳖对青蛙生活在井底感到非常奇怪。青蛙向它自夸道："喂，大鳖，你瞧我住在这里多么好啊！这里不仅有蓝天、阳光和水，还有非常柔软的淤泥，我生活得非常舒适。这里非常宽敞，我能自由自在①地跳来跳去，不用担心碰到头。累了，我可以安静地在井壁的石洞里休息。我想游泳，井里有充足的水，我能舒舒服服地泡在水里。休息够了，我就在柔软的淤泥中跳来跳去。你瞧瞧，附近那些小蝌蚪啦，小螃蟹啦，哪一个能和我比呢？我在这里逍遥自在，无比快乐！你怎么不下来参观我这方天地，畅游一下呢？"

大鳖听了青蛙的话，立即产生了好奇心，便想到井底去看一看。但是它左脚还没有伸进去，右脚就被井口卡住了，进退两难。它只好慢慢退回去，站稳四脚，问青蛙："喂，朋友，你有没有见过大海？"青蛙愣住了，什么叫大海，它甚至连听都没听说过。于是大鳖就把大海的情况简单地跟青蛙描述了一下。当然，它也把大海的浩瀚②描绘了一番。

大鳖说："海之广，何止千万里；海之深，何止千万丈。怎么才能使你清楚呢？这样说吧，古时候，一连很多年闹水灾，洪水不断流入海里，可是海水并没有因此增加多少；后来又连续许多年大旱，地都晒得裂开了，可是海水并没有因此减少多少。你说，生活在这样浩瀚的大海里，是不是真正的快乐呢？"

---

① 自由自在：形容没有约束，十分安闲随意。
② 浩瀚：本意为水势浩大。现多用于形容知识和艺术方面的博大精深。

于是，青蛙瞪大了眼睛，惊讶得说不出话来。想来这小小的井根本不能和大海相比吧？

思考与领悟

住在深井中的青蛙安逸地生活在自己的小世界里，根本不知道外面的世界有多么宽广。我们要努力学习各种知识，积极进取，开阔视野，不要目光短浅地安于现状，否则就成了井底之蛙。

K

开天辟地

出处

三国·吴·徐整《三五历记》:"天地混沌如鸡子,盘古生在其中,万八千岁,天地开辟,阳清为天,阴浊为地,盘古在其中。"

释义

古代神话传说:盘古氏开辟天地后,开始有人类历史。后常比喻空前的,自古以来没有过的。

典故

盘古刚出生时,世界上连光明都没有。盘古觉得太难受了,就用斧头用力一劈,只听见"轰隆隆"的声音,那混沌的东西一下就变成了两半!

其中,轻盈的阳气上升了,变成了蓝天;沉重的阴气下降了,变成了大地。就这样,天和地就形成了!盘古用头顶着天,用脚踏着大地,立在天和地之间。后来人们就用"顶天立地"来形容一个人的伟大。盘古一天天地长大,天地间的距离也就变得越来越远了。又过了一万八千年,天和地最终变成了现在这个样子。盘古一叹气，天地间就会刮起狂风；他一发怒，天空就会阴云密布①；他一打鼾，空中就会雷声滚滚；他一哭泣，天空就会下雨；他一高兴，天空就会非常晴朗……

盘古死后，身体化作了地上的万物。相传，中国的五岳名山就是由他身体的各部分化成的。其中东岳泰山是他高昂的头；西岳华山是他的脚；中岳嵩山是他隆起的肚子；而南岳衡山和北岳恒山则是他的两个肩胛②。他的眼睛变成了太阳和月亮，甚至他的头发和汗毛也都变成了星星和花草树木。

从此，天上有了日月星辰③，地上有了山川树木④、鸟兽虫鱼⑤，天地间从此有了世界。

思考与领悟

在神话传说中，是因为盘古开天辟地，天地间才有了人们能够生存的环境以及后来人们的发展，否则整个世界就会处在一片混沌之中。历史上的许多伟人都如盘古一般，做出了开天辟地的壮举。

---

① 阴云密布：阴雨天的云分布密集。
② 肩胛：肩膀的后部。
③ 日月星辰：太阳、月亮、星空。一般用来泛指天上的天体。辰：夜晚的那层黑色的帷幕。
④ 山川树木：泛指各类植物。
⑤ 鸟兽虫鱼：泛指各类动物。

开源节流

出处

战国·荀况《荀子·富国》:"故明主必谨养其和,节其流,开其源,而时斟酌焉。潢然使天下必有余,而上不忧不足。"

释义

开发水源,节制水流。比喻增加收入,节省开支。

典故

战国时期,有一位非常出色的学者,名叫荀况。他曾经在《富国篇》中提到,要想让国家富强,朝廷就要爱护老百姓,让百姓们安居乐业;还要积极发展生产。这样,国家才能强大富有起来。如果朝廷不顾及生产,只知道滥征赋税,浪费物资,让百姓过得极其穷困;国家肯定会非常贫穷和弱小。他说:"下贫则上贫,下富则上富……百姓时和,事业得序者,货之源也;等赋府库者,货之流也。故明主必谨养其和,节其流,开其源,而时斟酌焉。"

大概意思是:百姓能积极利用天时,按照季节次序顺利开展农事活动，从而获得好收成，这才是经济的根本，就好比"水源"一样；至于征收来的各项赋税，存在国库里，再多也用得完，那不过是"水流"。所以贤明的君主一定懂得体恤百姓，给生产发展以便利的条件，一方面节省财政开支，一方面开发经济来源，并且懂得合理调剂，统筹安排①，兼顾国家和百姓的利益。

思考与领悟

经济就好比"水源"，如果没有节制，只是一味地流出，最终只能越来越少。所以，应该在开辟新水源的同时，控制现有水源的流量。在经济上增加收入，减少支出，这不仅仅适用于国家，也适用于各个行业。

---

① 统筹安排：各方面都兼顾，都考虑在内，然后按照实际情况做出计划或安排。

刻舟求剑

出处

战国·吕不韦及其门客《吕氏春秋·察今》:"楚人有涉江者,其剑自舟中坠于水。遽契其舟,曰'是吾剑之所从坠'。舟止,从其所契者入水求之。舟已行矣,而剑不行,求剑若此,不亦惑乎?"

释义

比喻死搬教条、固执不懂变通的人。

典故

战国时,楚国有个人坐船渡江。船行到江中的时候,他一不小心把随身携带的宝剑掉进江中。

船上的人对此感到非常惋惜,但那个楚国人好像胸有成竹,立刻掏出一把小刀,在船舷①上刻了一个记号,并自信地对大家说:"这是我宝剑落水的地方。"

大家都不理解他为什么这样做,也不再去问他原因。等船靠岸后,那个楚国人立刻从船上刻记号的地方下水,去捞取早就掉

---

① 船舷:船的两旁。

落的宝剑。捞了半天，始终不见宝剑的影子，他觉得很奇怪，于是自言自语："我的宝剑难道不是从这里掉下去的吗？我还特意在这里刻了记号，怎么会找不到呢？"船上的人听了纷纷大笑起来。有人说："船一直在行进，而你的宝剑沉入水底静止不动，你又怎么能找得到呢？"

像他这样去找剑，实在是太愚蠢可笑了。但是，生活中却有很多人像他一样，做着"刻舟求剑"的蠢事。

思考与领悟

船在前进，而落水的剑却不会随船行进，这故事的主人公是不可能捞到剑的。任何事物都有其发展变化的规律，处事不要凭借自己的主观臆测，要学会客观地分析问题，采取恰当的措施解决问题。

空前绝后

出处

北宋·佚名《宣和画谱》:"顾①冠于前,张②绝于后,而道子③乃兼有之。"

释义

从前没有过,今后也不会再有。夸张地形容独一无二。

典故

顾恺之是晋朝人,他文采出众,才气超人,绘画更是炉火纯青④。顾恺之的人物画形象逼真,栩栩如生⑤;但与众不同⑥的是,他画人物从来不先点眼珠。有人问其原因,他说:"人物传神之

---

① 顾:顾恺之,晋代画家。
② 张:张僧繇,南朝梁画家。
③ 道子:吴道子,唐代画家。
④ 炉火纯青:比喻功夫达到了纯熟完美的境界。纯:纯粹;青:道士炼丹炼到炉子里发出纯青色的火焰就成功了。
⑤ 栩栩如生:艺术形象非常逼真,如同活的一样。
⑥ 与众不同:跟大家不一样。

处，正在这个地方。"一语道出了其中的诀窍，令人叹服。顾恺之被人称为"三绝"：才绝、画绝、痴绝。

南北朝时的梁朝，出了一个叫张僧繇的大画家。他擅长画山水、人物、佛像，在当时名气很大。梁武帝建的很多寺庙佛塔中的画都是由他所作。传说，有一次，他在一个寺庙的墙上画了四条龙，却没有给龙点眼珠。旁人问他为什么不点上眼睛，他说："恐怕点了眼珠，这些龙会破壁飞去。"众人不信，坚持要他试一试，他便点了两条龙的眼珠，这两条龙果然破壁飞去。这一传说虽然夸张荒诞①，却说明了他作画技艺高超。

到了唐朝，出了个更有名的画家吴道子，集绘画、书法大成于一身。他的山水、佛像画十分有名。同时，他也写得一手好字，有"书圣"之称。传说，他曾为唐玄宗画巨幅嘉陵江图，几百里山水竟在一天内就画好了。他在赵景公寺中画的《地狱变相》壁画，不见鬼怪却阴森逼人。相传看过这幅画后改过自新、弃恶从善的大有人在。

所以，后来有人评价这三个画家时，认为顾恺之的画超越前人，张僧繇的画后人莫及，而吴道子的画则兼有两人的长处。

> **思考与领悟**

顾恺之、张僧繇、吴道子都是成就极高的画家，除了绘画，他们还有其他艺术成就。能让他们的盛誉流传至今的，是他们在学问上下了极深的功夫。我们要向三位大师学习这种肯下苦功的精神。

---

① 荒诞：虚妄而不可信。

空穴来风

出处

战国·宋玉《风赋》:"臣闻于师,枳句来巢,空穴来风。其所托者然,则风气殊焉。"

释义

有了孔洞才有风进来。比喻传闻的出现是有一定原因或根据的,也比喻某种消息和传言的出现毫无根据,也比喻流言蜚语。穴:孔、洞;来:招致。

典故

楚国的宋玉,是当时著名的文学家,他的老师是爱国诗人屈原。

有一次,楚国国君顷襄王到兰台游玩。站在高台上,正巧有凉风徐徐吹来,吹拂着顷襄王的衣襟。顷襄王愉快地说:"这风真凉爽,能和老百姓共享有这凉风真好啊!"

顷襄王荒淫无道①,又听信谗言把屈原贬到了漠北,宋玉就

---

① 荒淫无道:过分贪好酒色,生活糜烂而不守正道。

想借着"风"这件事情来讽刺顷襄王,说:"这风只能大王您独享,老百姓哪有资格和您共有呢?"顷襄王觉得风是没有贵贱之分的,现在却听说是他独有的,倒觉得奇怪了。于是,让宋玉说说这是什么道理。

宋玉说:"屈大夫曾说,枳树弯曲了就会有鸟在上面筑巢;空的洞穴中,会因为空气的流动而产生风。"宋玉停顿了一下,又换上了讥讽的口吻说:"皇宫里面安静不嘈杂,这里的风自然清凉怡人,而这是独属于贵族的;老百姓因为住在陋巷里,那里的风自然都夹有尘土恶臭,那才是属于老百姓的……"

思考与领悟

风也分贵贱吗?当然不,宋玉这是在讽刺顷襄王。因为顷襄王的偏听偏信,使得爱国忠君的屈原被贬漠北。凡事兼听则明,偏信则暗。听取多方面的意见,才能明辨是非;听信单方面的意见,就会不分皂白。

脍炙人口

出处

战国·孟轲《孟子·尽心下》:"公孙丑问曰:'脍炙与羊枣孰美?'孟子曰:'脍炙哉!'。"

五代·王定保《唐摭言·海叙不遇》:"如'水声常在耳,山色不离门',又'扫地树留影,拂床琴有声'……皆脍炙人口。"

释义

美味人人都爱吃。后比喻精彩的诗文受到人们的传颂和称赞。脍:切细切薄的肉。炙:烤熟的肉。

典故

春秋时期,有一对父子——曾皙和曾参,他们同是孔子的弟子。曾皙喜欢吃羊枣①,曾参是个孝子,自从父亲逝世后,他竟不忍心再吃羊枣,这样的孝心实在难得。这件事在当时广为儒家子弟传颂。到了战国时期,孟子的弟子公孙丑对这件事无法理解,于是去向老师孟子请教。公孙丑问:"老师,脍炙和羊枣,哪一

---

① 羊枣:一种野生果子,俗称"牛奶柿"。

样更好吃?"

孟子说:"当然是脍炙好吃,没有哪个人不喜欢吃脍炙的!"公孙丑又问:"既然脍炙好吃,曾参和他父亲也都爱吃脍炙。可是为什么曾参不戒吃脍炙,只戒吃羊枣呢?"孟子回答说:"脍炙,是大家都爱吃的,羊枣的滋味虽比不上脍炙,但却是曾皙非常爱吃的东西,因此曾参只戒吃羊枣。好比对长辈只忌讳叫名字,却并不忌讳称姓。姓有相同的,名字却是独有的。"

孟子的一席话,使公孙丑明白了其中的道理。后来,人们从孟子常说的"脍炙,所同也"里自然地引申出"脍炙人口"这句成语,用来比喻大家赞美的事物和传诵的诗文。

思考与领悟

脍炙是人人爱吃的,而羊枣是曾参之父曾皙特别爱吃的,因此孝子曾参在父亲去世后就不吃羊枣了,这样的孝心让我们感动,也值得我们学习。对待父母,我们就要尽心尽力[①]。

---

① 尽心尽力:费尽心力。

旷日持久

出处

西汉·刘向《战国策·赵策三》："今取古之为万国者，分以为战国七，能具数十万之兵，旷日持久，数岁，即君之齐已。"

释义

耗费时日。旷：荒废、耽搁。

典故

战国时期，燕国的荣蚠被册封为高阳君，并封为三军统帅。荣蚠擅长打仗，举世皆知①。这一年，他带领军队攻打赵国。赵王得到消息后非常害怕，立即召集大臣商讨对策。国相赵胜想出一个办法，对赵王说道："齐国的名将田单，骁勇多谋。我国可以割三座城池送给齐国，以此作条件，请田单来协助我们赵军作战，一定能取得胜利。"

但是，大将赵奢表示反对，他说："难道我们赵国就没有厉害的大将领兵了吗？仗还没有打，就要割三座城池给齐国，那怎么行

---

① 举世皆知：全世界的人都知道。举：全。皆：都。

啊！我对燕军的情况很熟悉，为什么不委任我领兵抵抗呢？"

赵奢还进一步分析道："第一，就算田单肯来指挥赵军，我国也很有可能敌不过荣蚠，那就白请他来了；第二，即使田单确实有本领，他也未必肯为我国真正出力，因为我国强大起来，对他们齐国称霸没有好处！因此，他不可能为了我国的利益而尽力对付燕军的。"

赵奢还说："田单要是来了，他必定会把我们赵国的军队拖在战场上，旷日持久，耽误时间。这样长久地拖下去，几年之后，自然就会把我国的人力、财力、物力消耗掉。到时候，后果不堪设想①！"

但是，赵王和国相赵胜没有听取赵奢的意见，仍然割让三城，聘请田单来担任赵军的统帅。结果，不出赵奢所料，赵国真的陷入一场得不偿失的消耗战，付出了非常大的代价，却只夺取了燕国的一个小城。想必赵王追悔莫及了吧。

思考与领悟

田单虽有盛名，但他的到来并没有使赵国获胜；赵国与燕国的军队一直僵持着，可谓旷日持久，大大耗损了国力。所以，靠人不如靠己，唯有自己强大才是根本，将命运掌握在自己手中。

---

① 不堪设想：未来情况不能想象。喻指预料事情会发展到很坏的地步。

L

滥竽充数

出处

战国·韩非《韩非子·内储说上》:"齐宣王使人吹竽,必三百人。南郭处士请为王吹竽,宣王说之,廪食以数百人。宣王死,湣王立,好一一听之,处士逃。"

释义

不会吹竽的人混在吹竽的队伍里充数。比喻没有真才实学的人,混在行家队伍里凑数。

典故

战国时期,齐国有个人可是懒到家啦,所以连饭都吃不上,天天愁眉苦脸的。这个人就是南郭先生。

他有个朋友在王宫乐队里做事,齐国的国君齐宣王喜欢听竽,而且喜欢很多人一起吹奏,想要组织三百人一起吹竽。这可把负责乐队的官员给愁坏了!快到演奏的时候了,可是还差一名乐师呢!

南郭先生听说了,心里非常高兴!赶紧就去找他在宫里的朋友；通过朋友的关系，他成了宫里的乐师。他拿着竽，模仿别人的样子放在嘴边，就像真的会吹奏一样。其实呀，根本连声音都没有发出来呢！

吹奏时，南郭先生装得特别认真，这么多人演奏，也没有人能看出他没吹出声音。为齐宣王演奏的时刻到了，三百名乐师一同吹响竽，声音洪亮，气势宏伟，响彻王宫内外。这可把齐宣王高兴坏了，他给了三百名乐师很多奖赏，南郭先生也高兴得不得了。这下不但有饭吃了，还能过得很富裕呢！就这样，他在乐队里混了好多年，一直没被人发现。

齐宣王去世后，齐湣王继承了王位。新国君也喜欢听竽，但是他不喜欢听合奏，而是喜欢听独奏。乐师们知道以后，都加紧练习，希望能在齐王面前好好表现。这么多忙碌的人里，只有南郭先生一人害怕得不得了，因为他根本不会吹竽；为了不被处罚，他干脆偷偷地逃跑了。

思考与领悟

南郭先生混在三百人的队伍里还能装装样子，要单独演奏就装不下去了。无论什么时候，弄虚作假①都是经不起时间考验的，在别人都不了解真相时，或许还能蒙混一阵子，但总有一天会露出马脚。

---

① 弄虚作假：耍花招欺骗人。

老当益壮

出处

南朝·宋·范晔《后汉书·马援传》："丈夫为志，穷当益坚，老当益壮。"

释义

年纪虽老但志气豪壮。老：老年；当：应该；益：更加；壮：强壮，雄壮。

典故

王莽篡权称帝后不久，便被农民起义军杀死；时任汉中太守的名将马援，避地凉州（今属甘肃）。陇西的隗嚣乘天下大乱之际占据了今甘肃一带，割据一方；为了收买人心，他拜马援为将军。刘秀称帝后，隗嚣派马援去洛阳见刘秀，刘秀热情接见，两人很是投机。马援回陇西后劝隗嚣归顺刘秀，令天下统一；但隗嚣不肯，只想割据一方。于是，马援毅然离开陇西，投奔了刘秀。

建武八年（32），为了消灭隗嚣的割据势力，刘秀亲自率领大军征讨陇西。谁知山高路险①，人地生疏，无法进军。这时马援依靠自己熟知陇西地形的优势，提出作战计划，为刘秀制定进军路线。刘秀依此路线进军讨伐，隗嚣的军队很快土崩瓦解②，最终刘秀平定了西部地区，任命马援为陇西太守。

不久，陇西羌人作乱，光武帝刘秀命马援平定陇西。马援急忙率领三千步骑兵向羌人发动攻击。马援在此战中身先士卒，即便腿部中箭，仍坚持战斗。主将如此悍勇，兵士们也战意高涨，势如破竹，一举击溃羌军，平定了陇西。光武帝闻讯十分高兴，派人送来牛、马赏赐马援，马援立刻把这些东西分给了将士们。

几年后，陇西地区的羌人和塞外一些游牧部族集结上万兵马作乱，马援率领四千士兵前去征讨，把羌军围困在荒山上。最终羌军饥渴难忍，全部投降。马援再次平定了陇西。

建武十六年（40）春，东汉交趾郡③的征侧、征贰姐妹起兵造反，征侧自立为王，南方几个地区纷纷响应。马援被光武帝封为伏波将军，率领大军乘海船抵达交趾，兵分两路，在浪泊地区大败敌军，俘虏近万人。接着马援乘胜追击，斩杀了征侧、征贰，很快就平定了岭南地区，维护了东汉中央集权的统一。

马援六十二岁时，汉军去平定武陵动乱，结果全军覆没。马援向光武帝请求出战，光武帝劝他说："你已征战无数，且年纪大了，不要再出征了。"

---

① 山高路险：山又高又陡，行走非常困难。比喻道路遥远艰险。
② 土崩瓦解：如同土崩塌、瓦破碎那般，不可收拾。比喻彻底垮台。
③ 交趾郡：今越南河内一带。

马援说："我不算老，披甲上阵易如反掌①！"

光武帝深为感动，命他率领四万大军征讨武陵。那时正是暑天，骄阳似火，敌军守住山头，居高临下②，汉军的船只被急流所阻，久攻不下。许多官兵中暑，军营疾病流行，马援也病倒了，于是他让人凿洞以躲避暑气。敌兵每次登高喊叫，马援就让人拽着他的腿以便观望，看到统帅拖着病体视察敌情，士兵都为之落泪。后来，马援因为病重而死。

马援生前常对朋友说："大丈夫要有志气，越穷困，志气越要坚定。年老了，志气更要雄壮！"他征战一生，实现了平生的志愿。

思考与领悟

马援一心为国，一生平定叛乱无数，为国家的和平统一奉献了毕生精力。就算年纪大了，只要国家有需要，他仍然义无反顾③。真可谓老当益壮。我们要学习他的这种精神，在任何时候都要积极发挥自己的作用。

---

① 易如反掌：比喻事情及容易办成，不必费很大力气。
② 居高临下：占据高处，俯视下面。形容占据的地势非常有利。
③ 义无反顾：为合乎道义之事勇往直前，决不回头。

老骥伏枥

出处

三国·魏·曹操《步出夏门行·龟虽寿》:"老骥伏枥,志在千里。"

释义

年老力衰的千里马虽卧躺在马槽边,却仍激荡着驰骋①千里的雄心壮志。比喻有志之士,年纪虽大但仍有雄心壮志。骥:千里马。伏枥:就着马槽吃食;枥,马槽。

典故

曹操,东汉末年杰出的政治家、军事家、文学家、书法家,是曹魏政权的创建者。他机智警敏,有谋有略。他先后消灭董卓的势力并平息黄巾军起义,在这过程中不断扩大自己的势力,后来做了汉献帝的丞相,手握大权。他"挟天子以令诸侯",先后消灭了一些地方军阀,如吕布、袁术、袁绍、刘表等,并逐步控制了北方的一大片地区。在这些地区,他发展生产,使土地兼并

---

① 驰骋:此指骑马飞奔,也有纵横自如,充分发挥才能之意。

现象得以控制，为以后统一全国奠定了基础。

汉末时，辽西、辽东、右北平三个郡的乌桓人联合，合为三郡乌桓。三郡乌桓又和袁绍的残余势力相勾结。他们经常入侵边境地区，掠夺大量财物，掳掠大量汉人为他们的奴隶。在这种情况下，曹操为了肃清袁氏残余势力，也为了彻底解决三郡乌桓入侵中原问题，稳定东北边境，决定远征乌桓。

当时曹操已经五十三岁。古代人觉得：五十而知天命，人到了五十岁就已经衰老，是快死的人了。当时曹操也知道这一点，但他并没有因为年老而意志消沉，而是以一种豪迈的气概，继续实现自己建功立业的抱负。经过几个月的激烈战斗，终于在白狼山战斗中，杀死了乌桓的头领蹋顿，二十万乌桓人向他们投降，曹操取得了重大胜利。

在凯旋途中，曹操有感而发，写下著名的长诗《步出夏门行》，其中有"神龟虽寿，犹有竟时。腾蛇乘雾，终为土灰。老骥伏枥，志在千里。烈士暮年，壮心不已"这样的传世名句。意思是：神龟的寿命虽然十分长久，但也有生命终了的时候；腾蛇尽管能乘雾飞行，终究也会死亡化为土灰；年老的千里马躺在马棚里，它的雄心壮志仍然是一日驰骋千里；有远大志向的人到了晚年，奋发思进的雄心一刻也不会停止。这首诗也是曹操贯彻终生的积极进取精神的真实表达。

思考与领悟

曹操到了晚年，仍然有宏图大志，所以才会有"老骥伏枥，志在千里。烈士暮年，壮心不已"这样的诗句流传下来。志向犹如一颗长生药，让人永葆青春。它是一个目标，更是一个希望，它让我们有无限的动力，朝着前方不断前行。

老牛舐犊

出处

南朝·宋·范晔《后汉书·杨彪传》:"子(杨)修为曹操所杀。操见彪问曰'公何瘦之甚'。对曰'愧无(金)日䃅(mì dī)先见之明,犹怀老牛舐犊之爱'。"

释义

老牛舔小牛。比喻父母疼爱子女。舐：舔；犊：小牛。

典故

杨修,东汉末年人,曾是曹操的主簿[①]。他才思敏捷,聪明过人,经常能猜中曹操的心思。而曹操生性多疑,对于杨修的才能早就心存疑忌,怕他以后对自己不利,就想找借口除掉他。

有一次,曹操出兵汉中,准备进攻刘备。后来他发现时机并不成熟,就想退兵,但又怕面子上不好看。正在犹豫的时候,厨师送进来一只鸡,曹操一边吃鸡,一边想主意。这时,一个部将来问曹操晚上用什么口令。曹操当时正在吃鸡肋,于是顺口就

[①] 主簿：古代官名,是各级主官属下掌管文书的佐吏。

说:"鸡肋。"

口令传下来以后,杨修就让部下做好退兵的准备。别人问他:"你是怎么知道的?"

杨修说:"我从口令中猜的。鸡肋是'食之无味,弃之可惜'的东西。主公把汉中比作鸡肋,肯定是觉得留在汉中也没有什么意思;所以我认为会撤兵。"

后来,曹操果然下令退兵。曹操知道杨修又一次猜中了自己的心思时,终于下了决心,以扰乱军心的罪名把他杀了。

杨修的父亲杨彪得知杨修被曹操杀了,心中十分悲痛。有一次,曹操见到杨彪,问他为什么最近瘦得厉害。杨彪回答说:"汉武帝的近臣金日磾为免后患杀死了两个品行不端的儿子。我很惭愧自己没有金日磾那样的先见之明;但我终究还是怀有母牛舔小牛那样的亲子之情,所以才瘦得这么厉害。"

曹操听了杨彪的话,心中也产生了一丝愧疚。

思考与领悟

曹操生性多疑,对杨修这样聪明有智慧的下属本应好好发挥他的作用才是,但曹操却因杨修的聪明对他心生忌惮,将其处死。杨修之父杨彪悲痛欲绝,以"老牛舐犊"来比喻对杨修的思念之情,让我们从中深切体会到父母疼爱子女的深挚感情。

励精图治

出处

东汉·班固《汉书·魏相传》:"宣帝始亲万机,励精为治。"

释义

形容一个国家的皇帝或者领导者振奋精神,竭尽全力想治理好国家。励:奋勉;图:谋求,设法;治:治理。

典故

元平元年(前74),汉昭帝刘弗陵过世。他没有儿子,于是掌握朝政大权的司马大将军霍光便立武帝的曾孙①刘询为帝,即汉宣帝。

四年后,霍光病死。御史大夫魏相依据历史教训和霍氏家族的专权胡为,建议宣帝采取一定措施,削弱霍氏权力。霍氏对魏相非常怨恨和恐惧,便准备假借太后的命令杀掉魏相,然后废掉宣帝。宣帝知道此事后,先发制人②,立刻采取行动,将霍氏满门

---

① 曾孙:孙子的儿子。
② 先发制人:先动手来制服对方。

抄斩①。随后,宣帝亲自处理朝政,力图把国家治理得繁荣富强。他认真听取群臣的意见,严格考查和要求各级官员,逐渐降低盐价,提倡节约,鼓励发展农业生产。魏相带领百官尽职尽责,很合宣帝的心意。宣帝在魏相的积极配合下,采取了一系列有利于发展生产,并且能够减轻人民负担的有效措施,终于使国家兴盛起来,让百姓过上了安居乐业的生活。宣帝在位二十五年励精图治,让已经衰落的西汉王朝再次出现了中兴的局面。

思考与领悟

汉宣帝面对危机先发制人,毅然决然地将霍氏满门抄斩。之后,他发愤图强,与大臣们一起将国家治理得井井有条,西汉得以再次强盛。所以,面对困难,不能一味后退,要迎难而上。

---

① 满门抄斩:没收财产,杀戮全家。

两袖清风

出处

元·陈基《次韵吴江道中》:"两袖清风身欲飘,杖藜随月步长桥。"

释义

两袖中除了清风,别无他物。比喻做官廉洁,也比喻穷得一无所有①。现多指为官清廉、严于律己的人。

典故

明朝的于谦,是我国古代著名的政治家、军事家、文学家。他二十四岁中进士,后又担任监察御史。他为人耿直,皇帝明宣宗非常赏识他的才能,先后破格提拔他为河南、山西巡抚。虽然于谦官位很高,但在生活上却十分俭朴。

明宣宗去世后,年仅九岁的朱祁镇继位,就是明英宗。这时,宦官王振独揽大权,以权谋私。每逢朝会,各地官僚为了讨好他,多献以珠宝白银。他的行为让于谦很看不惯,所以于谦从

---

① 一无所有:什么也没有,多形容非常贫穷。

来不逢迎①他。

　　于谦每次进京奏事，所带之物除了简单行李，再无其他。有一次，他的同僚劝他说："你虽然不献金宝、不攀求权贵，也应该带一些土特产如线香、蘑菇、手帕等物，送点人情呀！"于谦笑着举起两袖风趣地说："带有清风！"由此以示对那些阿谀奉承②之辈的嘲弄。"两袖清风"这个成语从此便流传下来。

　　他曾作《入京》诗一首：

<blockquote>
手帕蘑菇与线香，
本资民用反为殃。
清风两袖朝天去，
免得闾阎话短长。
</blockquote>

　　手帕、蘑菇、线香都是他任职之地的特产。于谦在诗中说，这类东西本是供人民享用的，只因官吏征调搜刮，反而成了百姓的祸殃。他在诗中表明自己的态度：我进京什么财物也不带，只有两袖清风朝见天子。

---

① 逢迎：违心趋奉迎合。
② 阿谀奉承：曲从拍马，迎合别人，竭力向人讨好。

思考与领悟

于谦为官清廉，做人正直，这种优秀的品质值得我们学习。面对腐败，要拿把利剑立即斩断，清廉才是我们拥戴的领导的品质。我们应该从现在做起，反对腐败，支持廉正。同时，我们也应该从现在就种下"清廉"的种子，长大后，为祖国献出自己的一份力！

临危不惧

出处

春秋·邓析《邓析子·无厚》:"死生有命,贫富有时。怨天折者,不知命也;怨贫贱者,不知时也。故临危不惧,知天命也。"

释义

遇到危难的时候,一点也不怕。临:遇到;危:危险;惧:怕。

典故

三国时期,魏国分别派邓艾、诸葛绪、钟会率领三路大军进攻蜀国。蜀国后主刘禅发现情况十分紧急,急忙派大将军姜维迎战。姜维发现剑阁地势险要,就退守到这里。钟会看这里易守难攻,一时半会儿也攻打不下来,便打算退兵。

正在这时,邓艾率领军队到达蜀国都城成都,刘禅软弱无能,没有反抗就向邓艾投降了,还命令姜维也投降。无奈之下,姜维只好到钟会阵前投降。

邓艾灭掉蜀国后，变得骄横、独断专行起来，这引起了晋公司马昭的猜疑。钟会乘机诬陷邓艾谋反，司马昭便下令抓捕邓艾；钟会带着姜维到达成都，派兵把邓艾抓了起来。

邓艾被抓后，钟会仗着自己手上握有重兵开始独揽大权，并有谋反之意。姜维看穿了他的心思，就想利用他的叛乱来恢复蜀国的统治，所以竭力怂恿钟会叛乱。

但是，钟会发现司马昭已有察觉，他怕夜长梦多[①]就决定立刻动手。姜维想来个借刀杀人，借钟会的手消灭魏国来蜀地的文武官员，然后再杀死钟会，于是就对钟会说："这些官员十分不可靠，要赶紧将他们杀掉。"钟会也清楚，自己若是叛乱，这些官员必然会反对。因此他假传太后遗诏[②]，将文武官员召集在一起，说太后要他们讨伐司马昭，希望大家遵遗诏办事，同时拔出剑威胁说，违抗命令者一律斩首。

众官员对钟会的威胁都深感畏惧，勉强依从。只有夏侯和、羊琇、朱抚三人毫不畏惧，坚决反对，而且态度十分强硬，钟会只好先将他们关押起来。魏国文武官员被关的消息很快就传开了，士兵们也不愿叛乱，便自己组织起来攻打钟会。被关押的官员乘机逃了出来，同部下一起攻打钟会。姜维要钟会反击，并带领钟会的亲信迎击魏军，由于寡不敌众，姜维和钟会都被杀死。

---

① 夜长梦多：比喻时间一拖长，情况可能发生不利的变化。
② 遗诏：皇帝临终时颁发的诏书。

平定叛乱后，魏元帝下诏书表彰夏侯和、羊琇和朱抚，称赞他们坚持气节①，反对叛乱，不屈不挠，面临危险时也不惧怕。

思考与领悟

面对钟会的威胁，夏侯和、羊琇和朱抚毫无畏惧，毫不妥协。他们这种临危不惧的精神，稳定了军心，鼓舞了士气。所以即使处于劣势，也要保持坚定的信念，不屈不挠，唯有这样才有可能反败为胜。

---

① 气节：人的志气和节操。

洛阳纸贵

出处

唐·房玄龄等《晋书·左思列传》:"于是豪贵之家竞相传写,洛阳为之纸贵。"

释义

比喻文章价值很高,流传很广。

典故

左思是西晋时的大文豪。他出身寒门,相貌丑陋,说话还口吃,但他写的文章却感情强烈,笔力充沛。他用一年时间写了一篇《齐都赋》,可是没有什么影响力。但是左思并不气馁,他决心再写一篇《三都赋》。这一年,他的妹妹左芬被选入宫中,左思便趁着这个机会来到京都洛阳,继续写《三都赋》。

左思没有去过成都,就向著作郎张载请教。张载并没有瞧不起左思,他觉得左思既然有要写出东汉班固《两都赋》、张衡《两京赋》那般巨作的决心,就应该给予鼓励。他详细询问了左思的创作打算和准备情况,十分热情地把自己知道的蜀国成都的山川风貌向左思做了介绍。

左思要写《三都赋》的消息传开后，洛阳的名士们纷纷讥笑他不知天高地厚①。但是，左思并不在意别人的讥笑，他孜孜不倦②，潜心创作，简直像着了迷一样。他在家里所有的地方，卧室、书房、院落、门庭，甚至菜园的篱笆边、厕所的门口都放了纸笔。不管他走到哪里，想到一个词就马上把它记下来，琢磨出一个句子就立刻写下来。

经过了十年的艰辛努力，写了改，改了写，规模宏大、内容丰富、气势雄浑③的《三都赋》终于写成。

当时在文学界声誉很高的皇甫谧看到《三都赋》后赞不绝口④。他说："这是一篇成功的大作，我要为它作序！"于是，皇甫谧为《三都赋》作了序，并把《三都赋》推荐给著作郎张载和中书郎刘逵。两人看了后，感到这篇赋确实写得很好，而且赋中涉及名胜古迹、珍禽异兽、奇珍异宝，便一起给《三都赋》作了注。

不久，以博学著称的司空张华也看到了《三都赋》，不禁赞叹说："写得好极了。能和《两都赋》《两京赋》媲美，称得上传世之作。"

经过名人的品评和称颂以后，《三都赋》很快在京城传抄开了。名门大户要装风雅，书生文士想学文辞，官吏们也跟着赶时

---

① 天高地厚：原形容天地的广大，后形容恩德极其深厚。也比喻事情的艰巨、严重，关系重大。
② 孜孜不倦：工作或学习勤奋不知疲倦。
③ 气势雄浑：山川建筑等气势态势雄伟宏大。
④ 赞不绝口：不住口地称赞。

髦。结果，几乎人人争相传抄，弄得京城洛阳的纸张都涨了价。

思考与领悟

左思没有在意最初的失败，也不在乎别人的嘲笑，而是坚持不懈地潜心创作。正是他数十年的艰辛努力才成就了流芳百世的《三都赋》。我们要想做成一件事，就必须付出努力，还要有恒心，有毅力。

M

马首是瞻

【出处】

春秋·左丘明《左传·襄公十四年》:"荀偃令曰'鸡鸣而驾,塞井夷灶,唯余马首是瞻'。"

【释义】

古代作战时,士兵要看着主将的马头决定行动的方向。现在用来比喻服从指挥或追随某人的行动。瞻:往上或往前看。

【典故】

春秋时期,强大的秦国经常欺负那些弱小的诸侯国,但各国都不甘被欺负。鲁襄公十四年(前559),晋悼公联合了其他国家一起对抗秦国,他让荀偃出任联军的统帅。荀偃心想,秦国得知这个消息以后肯定会慌了阵脚,战争一定会取得胜利;但没想到的是盟军内部各自为政,作战不齐心协力,士气低落。秦国知道这个消息之后,非但没有求和的意思,还在泾河的上游放毒,毒死了许多联军的士兵。

得知这个消息,荀偃想早些发动总攻,他向联军的将领发布命令："明天早上鸡叫的时候我们就出发，各军都要把土灶拆掉，水井填平，方便布阵。等作战的时候，都看我的马头行动，我指哪里，大家就向哪里跑。"荀偃的手下听了他的话，觉得荀偃太专横，都很讨厌他。有个将领说道："晋国从来都不会这样下达命令，你要去攻打秦国，那就自己去吧。我们要回自己的晋国。"说完便离去。

各诸侯国看到晋国撤兵，也纷纷撤兵回到自己的国家去了。各国的联盟还没有作战就自乱阵脚，荀偃看到大势已去，也只好撤兵回国了。

思考与领悟

荀偃想让联军将领以他马首是瞻，无奈没人服他，均撤兵回国。一个优秀的团队少不了一名出色的领导，统帅素质的好坏很大程度上决定团队战斗力的强弱。而荀偃的协调能力和个人威信明显是欠缺的，只会发号施令是无法调动士兵积极性的。

毛遂自荐

出处

西汉·司马迁《史记·平原君虞卿列传》:"门下有毛遂者,前,自赞于平原君曰'遂闻君将合从于楚,约与食客门下二十人偕,不外索。今少一人,愿君即以遂备员而行矣'。"

释义

毛遂自我推荐。比喻自告奋勇①,自己推荐自己担任某项工作。

典故

公元前251年,秦国的军队包围了赵国的都城邯郸。赵王派相国平原君出使楚国,希望楚国与赵国联合起来抗击秦国。

平原君想要从他的门客中挑选二十个有勇有谋的人,和他一同前往楚国。无奈只挑出了十九个人,还差一个,却怎么也找不到合适的了。但是天无绝人之路②,这个时候,有个名叫毛遂的食

---

① 自告奋勇:主动要求担任某项艰巨的任务。告:称说,表示。
② 天无绝人之路:人虽一时处于困境,但总能找到出路。

客①,向平原君自我推荐道:"听说您要带领二十个人前去楚国,现在尚缺一人,那么请让我来试试吧。"

平原君对毛遂不熟悉,于是问道:"先生到我门下几年了?"

"已有三年。"

"一个有能力的人处在世上,就好比把锥子装进口袋,立刻能看到锥尖戳破袋子钻出来。但是你来我这里三年,我从未听到别人赞赏你,可见你一无所长,所以你不适合去,还是暂且留下吧!"平原君的话不无道理。

"今天,我就请您暂且把我当作锥子放进口袋。如果早放进口袋,那么不但是锥尖钻出口袋,恐怕整个锥子会像禾穗那样昂扬地挺出来呢。"毛遂的这个回答让平原君动容了。于是,平原君同意毛遂随行前往。途中,那些同行的人在与毛遂交谈的过程中,逐渐发现他确实是个了不起的人,都非常钦佩他。想来,这也是初露锋芒②了。

不料,楚王不愿联合抗秦,平原君也无法说服他。于是,毛遂代表其他十九人前去说服楚王。楚王听闻毛遂是平原君门下的食客,怒气冲冲地想要赶走他。毛遂按着剑走近楚王,然后大声说道:"大王之所以敢当众叱责我,或许是因为楚国人多势众。但是现在大王与我处于十步之内,楚国纵然强大,大王也暂时倚仗不着,因为此时您的生命掌握在我毛遂手里!"

楚王被毛遂的举动吓住了。接着,毛遂又对楚王分析:共同

---

① 食客:古代寄食在贵族官僚家里为主人谋划、奔走的人。
② 初露锋芒:比喻刚开始显示力量或才能。

抗秦对赵、楚双方都有益处，道理是如此清楚，没有任何理由反对；毕竟双赢是大家都希望看到的局面。毛遂这一席话说服了楚王。于是楚王决定和平原君歃血为盟①，共同抗秦。

思考与领悟

在并没有人举荐毛遂的时候，他自我推荐，站到大家的视线下，才有了后来的功成名就。如果毛遂没有勇气推荐自己，他的才能就会被埋没。所以我们要敢于自荐，展示自己的才能。

---

① 歃血为盟：发誓订盟。古代会盟，把牲畜的血涂在嘴唇上，表示诚意。盟：宣誓缔约。

迷途知返

出处

西晋·陈寿《三国志·魏志·袁术传》:"以身试祸,岂不痛哉!若迷而知反,尚可以免。"

释义

在路途中迷失了道路知道返回来,常常比喻做错了事情知道纠正。

典故

东汉末年,政治日趋腐朽,董卓趁机率军进京,掌控朝中大权。董卓入洛阳后,想要废掉汉帝。他为了拉拢袁术,便封袁术为后将军;而袁术不肯依附,避往南阳。这时,长沙太守孙坚杀死了南阳太守张咨,并带兵投靠了袁术,袁术就占据了南阳。袁术不修法度,胡作非为①,致使百姓十分不满。

袁术的哥哥袁绍想立汉宗室刘虞为帝,却遭到了袁术的反对,兄弟二人翻脸。后来,袁绍和他的盟军曹操共同攻打袁术。

---

① 胡作非为:不顾法纪或舆论,毫无顾忌地做坏事。

虽然袁术大败而逃①，但他也率军割据了扬州。袁术在很早的时候就有称帝的野心，他曾给少年时的好友陈珪写信，希望能够得到他的支持，帮助他完成称帝大业。

但是陈珪却反对袁术称帝，并写信劝诫袁术说："眼下汉室衰微，身为朝廷臣子，你应当与别人同舟共济②救助汉室；但是你却想要自称皇帝。如果你迷途知返，就可避免一场祸患。"

对于陈珪的真诚劝告，袁术听不进去。197年，袁术在寿春自立为帝。袁术称帝的行为，被天下诸侯所不齿。袁术成了大家的敌人，没过多久就接连遭到孙策、吕布、曹操三方的打击。后来，他相继被吕布、曹操打败。

> 思考与领悟

这个成语告诉我们：当犯了错误的时候，要能够认识错误并及时改正，才不会犯下更大的错误。

---

① 大败而逃：吃了败仗慌张逃跑。
② 同舟共济：比喻团结互助，同心协力，战胜困难。也比喻利害相同。

明目张胆

出处

元·脱脱、欧阳玄等《宋史·胡宏传》:"有明目张胆、显为负叛者。"

释义

原本指正直、有胆识、敢作敢为。后来演变成贬义词,形容公开放肆地做坏事。明目:睁亮眼睛。张胆:放开胆量。

典故

唐高宗时,韦思谦任监察御史。当他发现开国元勋中书令褚遂良违反国法,用很低的价钱强行收购农民的田地时,不怕褚遂良官高势大,立刻向朝廷上书弹劾①。由于证据确凿②,皇帝也不能公开庇护③褚遂良,只得将他调出京城,降职为同州刺史。

过了一些日子,褚遂良又被调了回来,官复原职。褚遂良记恨韦思谦,就找了个理由报复他,把他贬到外省去当一名小县

---

① 弹劾:君主时代担任监察职务的官员检举官吏的罪状。

② 确凿:真实,确实。

③ 庇护:包庇,掩护。

官。朝中有人为韦思谦打抱不平，到家中去看望他。韦思谦慷慨激昂地说："我就是一个眼里容不得沙子的人。只要遇见不合理的事，就不能睁一只眼闭一只眼，必须得管，哪里还顾得上考虑个人的得失呢？大丈夫必须做到明目张胆，一心报效国家。怎么能一直庸庸碌碌①，光想着保全自己和家人的利益呢？"

思考与领悟

正直的韦思谦一心报效国家②，不畏强权，敢于对违法行为说不，这是为官者学习的榜样。我们也要从小培养正直、勇敢的品质，敢于向违反规定的事情说不。

---

① 庸庸碌碌：平凡无奇。庸：平庸。
② 报效国家：做对国家社会有益的事情。

莫逆之交

出处

战国·庄周《庄子·大宗师》:"四人相视而笑,莫逆于心,遂相与为友。"

释义

情投意合的朋友。莫:没有;逆,抵触;交:交往、友谊。

典故

从前,有四个怪人主张万事万物顺应自然,认为天地间"无"是最崇高的。

有一天,这四个怪人子祀、子舆、子犁和子来聚在一起,热烈地讨论着"无"的崇高和伟大,一致认为"无"就像人的头一样,起着至关重要的作用。分别时,四人互相望着笑着,认为他们心心相通,友谊将天长地久。

过了一段时间,子舆害病①,子祀去探望。子舆出门迎接时,他弯着腰,勾着头,高耸起两肩,背上长着五个大脓疮。然而他

---

① 害病:生病。

却对子祀说："造物者真是伟大啊，使我成为这样的人！"

子祀问道："你对你的病一点也不忧虑吗？"

子舆说："干吗要忧虑呢？人的生与死，本来是上天安排好的；所以，我只要顺应自然就行了。"

不久，子来也害了病，气息急促，眼看就要死去。子犁来看子来，见子来的妻子悲伤地啼哭。子犁呵斥走哭哭啼啼的妇人和孩子，对子来说道："伟大啊，造物者！你要把他变成什么呢？会把他带去哪里？"

子来说："假如一个铁匠正在打铁时，火炉中的一块铁突然跳了起来，那铁匠一定认为是不祥之兆①。把天地视作大熔炉，把造物者视作铁匠。我现在正在被天地铸造着，何妨变成什么，去往哪里呢？"

子来说完后酣然睡去，又自在地醒来。

后人将"莫逆于心，遂相与为友"概括为"莫逆之交"。

思考与领悟

朋友之间可以倾诉真心话，可以为一件事共同出谋划策……朋友可以互相分享和分担很多事情。希望我们每个人都有真心的朋友、真挚的友情。

---

① 不祥之兆：不吉利的预兆。

目不识丁

出处

后晋·刘昫等《旧唐书·张弘靖传》:"今天下无事,汝辈挽得两石力弓,不如识一丁字。"

释义

连一个字也不认得,形容人不识字或没有学问。丁:表示最简单的字。

典故

唐宪宗年间(806—820),张弘靖在朝中做官。他为人圆滑,吹牛拍马是他的长项,所以深得上司器重。没过多久,他竟被朝廷任命为幽州节度使,代替了前任节度使刘总。

幽州的百姓以为来了一个好官,急着要一睹张弘靖的风采。但是张弘靖一点儿不了解幽州,根本不懂这里的风俗民情,再加上他出身富贵,来到幽州时,他的车驾在三军之中十分显眼,使百姓吏卒们见之惊骇①。

① 惊骇:恐慌恐惧。

刚一上任，张弘靖便想有所作为，但从哪里着手呢？他想，幽州地处边远之地，要想开化这里的百姓，首先要改革民俗，但这谈何容易。安史之乱时，安禄山首先就是在幽州造反叛乱的，只要能将安禄山的问题解决好，民风就能好转起来。

于是，张弘靖派人掘了安禄山的坟墓，毁了安禄山的棺柩。当地百姓看到张弘靖的所作所为大为失望，人们都说："我们都以为来了一个为民着想的好官，不想却是一个掘墓开棺的官呀！"

不仅张弘靖让人失望，他手下还有两个十分可恶的官吏，一个叫韦雍，另一个叫张宗厚。

这两个人整天无所事事，经常带着一伙人到酒肆喝酒，每次都喝到大半夜，喝得酩酊大醉方才罢休。每次喝完酒，他们都让士兵点起灯笼，燃亮火把将他们送回府去。这时，街头巷尾，灯火通亮，他们大声吆喝，吵吵闹闹，使得全城都不得安宁，百姓们都很厌恶他们。

韦雍和张宗厚平时对幽州原来的军吏①们十分苛刻，稍不如意，便骂人家是"反虏②"，说人家曾是安禄山一伙。那些人稍一辩解，他们挥起鞭子就打，再不然就将人关进大牢，所以军士们都对两人怀恨在心。

有一天，韦雍又喝醉了，对军吏们口出狂言："现在天下太平，国家无战事，尔等虽能拉开两石重的强弓，但那又有什么用处呢？还不如认识一个'丁'字呢！"

---

① 军吏：军官，主要指下层小官。
② 反虏：造反者，反叛者。

士兵们义愤填膺，对韦雍愈发恨得咬牙切齿。

这些事还不算，前任幽州节度使刘总离任后，回到朝廷不久，便派人为幽州的士兵们送来一百万贯钱，以犒赏跟随他多年的士兵。但是，张弘靖竟敢从中扣下二十万贯钱充作军府杂用开销。

这件事不久后就被全幽州人知道了，兵士们忍无可忍，再也不愿受韦雍、张宗厚的欺压，更不愿听从张弘靖的指挥，便借机反叛。

愤怒的幽州士兵把韦雍、张宗厚杀了，又把张弘靖拘禁了起来。后来，朝廷派重兵平息了这场叛乱，张弘靖被贬。

思考与领悟

韦雍说士兵们目不识丁，其实是他"不识丁"。士兵是军队的根本，需要将领的体恤，而不是鞭打，是他们失了民心，才会有后来的祸事。识字是为了明理，韦雍他们虽认得几个大字，却不明事理，倒行逆施。

南柯一梦

出处

唐·李公佐《南柯太守传》。

释义

形容一场大梦,后比喻空欢喜一场。

典故

古时候有一个叫淳于棼的人,住在广陵。他家的院中有一棵根深叶茂的大槐树。他这个人嗜酒成性①,逢饮必醉。

这天他过生日,便邀请了一些亲朋好友来家中做客。他在门前的大槐树下设宴和亲朋好友饮酒作乐。他一时高兴又喝得烂醉,被好友扶到廊下休息。他恍恍惚惚中好像看到有两个身穿紫衣的使臣走来对他说:"我等奉大槐安国国王之命,请先生到我国去。"

于是淳于棼随二人直奔大槐树门洞而去。一进去,他看到洞中晴天丽日,又看到闪闪发光的城池,心想:"哦,多美丽的皇

---

① 嗜酒成性:经常过量饮用酒精饮料,沉溺于饮酒。

城呀!"国王说:"我封你为南柯郡太守,并招你为驸马①。"

淳于棼在南柯做了官,把南柯治理得井井有条。他在这里待了二十年,上获君王器重②,下得百姓拥戴,有了五男二女,家庭美满,他非常得意。

不料敌兵入侵大槐安国,淳于棼率军迎敌,屡战屡败。之后,公主不幸病故,淳于棼便无心料理政务,辞去太守职务。从此,他整日闷闷不乐,国王允许他回故里探亲,仍由那两名紫衣使者送他回去。

车出洞穴,家乡山川依旧。淳于棼返回家中,只见自己躺在廊下,不由得吓了一跳。淳于棼惊醒过来,原来是做了一场梦。"我做了个梦,简直就像过了一生呀!"大伙不相信,就和淳于棼一同去查看。只见槐树底下有一蚂蚁洞,旁边有孔道通向南枝,另有一小蚁穴。梦中的"南柯郡""槐安国"原来如此呀!

思考与领悟

世事无常,所有的富贵荣华不过蚁穴之虚,终有一天会离去,不需要执着于此。这也告诉我们一个道理:世上没有不劳而获之事,要想得到宝藏,就要付出行动,因为梦想只有付诸努力与行动,才有可能变成现实。

---

① 驸马:皇帝女婿的专称。
② 器重:重视。

南辕北辙

出处

西汉·刘向《战国策·魏策四》:"犹至楚而北行也。"

释义

心里想着往南去,坐的车子却往北走,比喻行动方向与目的地正好相反。

典故

战国时,魏国有一个人一心想去南方的楚国游玩。开始的时候,他的家人都不准他去,怕他被别人骗了。后来,家人看他主意已定,只好同意他独自出发了。他就此踏上了自己一心向往①的旅程。

我们都知道,由魏国往楚国去理应驾车朝南走,可这个人却赶着车子朝北方去了。这个时候,有个认识他的好心人看到了,就上去跟他打招呼:"你打算到哪儿去?"

"我要到楚国去。"这个人高兴地答道。

---

① 一心向往:心里面想要去的地方。

"楚国在南方，你怎么把马车往北赶呀？"

"没关系，我的马非常好，跑得快，肯定能跑到的。"

"可是马再好也没有用呀，你的方向不对，这要什么时候能跑到呢？"

"不要紧，我带的钱很多，我的路费多得都花不完，我一定可以跑到的。"他自信地拍了拍自己的腰包说。

"钱再多也没用，你的方向不对，一定跑不到楚国的。"好心人再次提醒他说。

"你放心吧，我的车夫赶车技术非常好，我会赶到楚国的。"这个糊涂的人笑着答道。

那个好心人见他太糊涂了，实在没法劝阻，只好摇摇头，叹了口气，眼睁睁地看着他的马车走远了。

思考与领悟

目标是南方的楚国，却一直向北方走，那只能离目标越来越远。我们学习和做事情也是一样，不但要有可行的目标，而且要讲究方法。只有目标而不讲究方法，就容易南辕北辙，离目标越来越远。

囊萤映雪

出处

唐·欧阳询等《艺文类聚·续晋阳秋》:"车胤字武子,学而不倦。家贫不常得油,夏日用练囊盛数十萤火,以夜继日焉。"

唐·徐坚《初学记》卷二引《宋齐语》:"孙康家贫,常映雪读书,清介,交游不杂。"

元·贾仲名《萧淑兰》第一折:"虽无汗马眠霜苦,曾受囊萤映雪劳。"

释义

夏天用纱囊装萤火虫照明读书,冬天用雪的反光读书。形容学习刻苦勤奋。

典故

晋朝有个名叫车胤的读书人,他从小学习十分刻苦,但是家里非常贫穷,没钱买灯油,晚上不能看书,只能早早睡觉。他觉得让时间这样白白浪费掉非常可惜。在一个夏天的夜晚,车胤看见萤火虫在空中飞舞,它们闪烁着光亮,犹如一颗颗明亮的小星星。他想,如果把许多萤火虫集中在一起,不就成为一盏灯了吗？于是他捉来许多萤火虫，把它们装进一个纱囊里。这样，纱囊就犹如一盏小灯笼。车胤借助纱囊中萤火虫发出的亮光，专心致志地读起书来。

晋朝还有个名叫孙康的读书人，他读书也非常刻苦，家里也十分清贫。一天半夜，他从睡梦中醒来，发现从窗缝透进了一丝光亮。原来，那是大雪映出来的。于是他立即穿好衣服，拿着书来到屋外。地上映出的雪光，比屋里要亮多了。孙康不顾寒冷，立即看起书来。此后，每当有雪的晚上，他都不放过，孜孜不倦地读书。

后来，人们把这两个故事联系起来，组成了"囊萤映雪"这个成语。

思考与领悟

尽管车胤和孙康的学习条件很差，但他们学习很勤奋。我们能坐在宽敞、明亮的教室里学习，是多么幸福。所以，不要再抱怨外在因素，只要努力、勤奋地学习，一定会取得好成绩。

弄巧成拙

◆ 出处 ◆

宋·黄庭坚《拙轩颂》:"弄巧成拙,为蛇添足。"

◆ 释义 ◆

本想耍巧妙的手段,结果反而误了事。

◆ 典故 ◆

北宋时期,有位著名画家叫孙知微,他的画远近闻名①,总有人来找他求画。一次,成都寿宁寺方丈请孙知微为他们寺院作一幅《九曜图》。孙知微画好草图后,因有事需要外出就把几个弟子找来,说:"我已经画好了这幅画的轮廓,只剩下着色工作了,你们几个人接着做吧。记住,一定要认真画好。"

孙知微走后,弟子们就准备上色。忽然,一位弟子发现图上画的水星菩萨的童子手里拿的水晶瓶中是空的,便说:"老师平时画花瓶,总会在瓶里画一束鲜艳美丽的插花。这个瓶中没有花,可能是老师太匆忙忘记画了,我来添上吧!"大家一听,都

---

① 远近闻名:无论是远处还是近处都听过这个名字,形容名气大。

觉得他说得有道理。于是，这位弟子就很用心地在水晶瓶上画了一枝鲜艳的粉红色莲花。

第二天，孙知微从外面回来了。当他看到水星菩萨的童子捧的水晶瓶里居然冒出一枝莲花时，气愤得大吼起来："《道经》中记载，这水星菩萨的童子手捧的水晶瓶不是用来插花的，而是菩萨镇妖伏水的法宝。如果在水晶瓶中添上花草，那它就真成了一只普通花瓶，不再是神物了。你们真是弄巧成拙了！"弟子们又害怕又惭愧，一个个低下头去。

思考与领悟

弟子孤陋寡闻[①]，没有弄清楚事情的本质就擅自做主，修改了孙知微的画。本想显示自己的聪明，结果却犯了大错。这个故事提醒我们，在做事情之前要认真考虑周全，不要被一时的小聪明蒙蔽了内心，做出画蛇添足的蠢事。

---

① 孤陋寡闻：形容学识浅陋，见闻不广。

呕心沥血

出处

唐·韩愈《归彭城》诗:"刳肝以为纸;沥血以书辞。"

释义

比喻用尽心思。多形容为事业、工作、文艺创作等劳心劳力。呕:吐;沥:一滴一滴。

典故

唐朝有个诗人叫李贺,他一直不被朝廷重用,非常郁闷,就把精力全部放在诗歌创作上。

李贺作诗,一般都先不定题目,而是先积累素材。他喜欢骑着一匹弱马,带着一个书童,到郊外闲走,边走边思考。有时候就在马上作诗,回家后再整理成篇。他作诗非常刻苦,每天都睡得很晚。为了写好一首长诗,他把衣服都磨破了;为了写好一首短诗,他把头发都弄断了好多根。

他身体本来就不好,他的母亲因此十分担心。所以李贺一回家,母亲就让仆人去看他的书囊,里面要是有太多诗书,他的母亲就生气地说："你这孩子呀！你是要把心呕出来才行吗？"

李贺创作太过辛苦，再加上得不到重用，心情忧郁，二十六岁就去世了。可是他留下的二百四十首诗歌，首首精彩。

韩愈写过两句诗："刳肝①以为纸，沥血②以书辞。"意思是说：把肝剖出来作为纸，用血滴作为墨水来书写文章。后来，人们就根据这两位诗人的故事，概括出"呕心沥血"这个成语。

思考与领悟

李贺在诗歌上付出了毕生精力，时时刻刻都在思索诗歌如何创作，所以他的诗歌才能够流传千古。这样的精神值得我们学习。我们在自己喜欢的事上若是能全身心地付出，将所有精力都投入进去，那么一定可以将这件事做到极致。

---

① 刳肝：表面意思是剖挖肝脏，比喻尽陈肺腑之言。
② 沥血：刺破皮肤让血滴下来。有时用滴血以表决心，有时滴血以作祭祀。

抛砖引玉

出处

宋·释道原《景德传灯录》:"比来抛砖引玉,却引得个坠子。"

释义

抛出砖头,引来白玉。意为用价值低的事物引出价值高的事物,比喻用自己不好的意见或作品引出别人高明的意见或作品。

典故

赵嘏和常建都是唐代诗人,常建一直很仰慕赵嘏的诗才。

有一次,赵嘏到苏州去游玩,常建正好也在苏州,便想:这是个好机会,一定要赵嘏留下好诗句。但是用什么办法呢?他想:灵岩寺是苏州的一大名胜,赵嘏肯定要到这里游览。如果自己预先在寺中写下一句半首,说不定会引起赵嘏的诗兴。

于是,常建就提前来到灵岩寺,在灵岩寺的墙上写了两句诗。他希望赵嘏看到后能补添上后两句,续成一首完整的诗。

果然,赵嘏来到灵岩寺看到墙上的诗只有两句,不由得诗兴大发,提笔在后面添了两句,写成了一首完整的诗。常建的诗没有赵嘏写得好,他以平凡的诗句引出赵嘏的佳句,后人就说常建的这个方法,真可谓"抛砖引玉"了。

思考与领悟

常建非常聪明,他成功地利用了他人的心理,引出了赵嘏的好诗。抛砖引玉,现在是一种自谦①的说法,是在发表自己意见之前说的一个词语,表示对他人的尊重以及对他人意见的期待。

---

① 自谦:自己表示谦虚。

披荆斩棘

出处

南朝·宋·范晔《后汉书·冯异传》:"帝谓公卿曰'是我起兵时主簿也,为吾披荆棘,定关中'。"

释义

拨开荆,砍掉棘,比喻在前进道路上清除障碍,克服困难。披:拨开;斩:砍断;荆棘:丛生多刺的小灌木。

典故

冯异是东汉初期的著名将领,是东汉光武帝刘秀手下的一员大将,他立下赫赫战功,是东汉的开国功臣之一。

刚开始时,冯异担任刘秀的主簿①,对刘秀忠心耿耿,一直追随其左右。一次行军路上,军士们又饿又冷,不停地叫苦,许多人支持不住就偷偷溜走了。刘秀又急又气,却也没有办法。这时,军中也只剩下不足一顿饭的粮食和少量马料了。冯异急中生智,命人把马料中的豆类和米掺在一起煮了一大锅粥,军士们吃

---

① 主簿:古代官名,是各级主官属下掌管文书的佐吏。

了热乎乎的豆粥,饥寒立刻消失,大军顺利到达了目的地。

还有一次行军途中,忽然下起了大雨,大家的衣服都被雨水淋湿了,冷得浑身打战。冯异带人找来一些柴草,点着火让大家取暖并把衣服烘干。

虽然冯异做的只是一些小事,却起着不可忽视①的作用。他稳定了军心,避免了部队涣散②、士兵逃跑,得到了刘秀的重用。

刘秀做了皇帝后,封冯异为征西大将军,命他平定关中。冯异圆满完成了使命。后来冯异回洛阳朝见刘秀时,刘秀对文武百官说:"他是我当年起兵时的主将,为我成就大业披荆斩棘,扫除了重重障碍,平定了关中广大地区,是位有功之臣啊!"

思考与领悟

刘秀刚刚起兵时,冯异担任其主簿,在军中做着一些小事,可正是这些小事帮助刘秀稳定了军心,扫除了障碍。在我们成长的道路上,要脚踏实地,做好手头的每一件小事,方能披荆斩棘,取得成功。

---

① 不可忽视:重要,不能轻视。
② 涣散:精神、组织、纪律等散漫,松懈。

破釜沉舟

出处

西汉·司马迁《史记·项羽本纪》:"项羽乃悉引兵渡河,皆沉船,破釜甑,烧庐舍,持三日粮,以示士卒必死,无一还心。"

释义

把饭锅打破,把渡船凿沉。不给自己留退路,非打胜仗不可,下决心不顾一切①地干到底。

典故

秦朝末年,项梁和项羽响应陈胜、吴广的起义起兵。秦二世派大将章邯率大军镇压,首先消灭了陈胜、吴广。项梁和项羽渡长江西进,拥立楚怀王,继续与秦军作战。但项梁因骄傲自满,在定陶被章邯打败,死于军中。

章邯认为楚地的战事已不用担心,便渡河北上,攻打赵国。赵军不敌,退守巨鹿,被章邯派来的军队团团围住。

---

① 不顾一切:什么都不顾。

楚军在定陶大败之后，楚怀王非常恐慌。后来，他听了谋士宋义的言论，心里十分佩服，就封他为上将军，封项羽为副将，派他们率军去救援赵国。

宋义带军驻扎安阳，接连四十六天按兵不动。项羽实在忍不住了，对宋义说："秦军已把赵王围困在巨鹿城里，我军应赶快渡河北上，从包围圈外进攻，赵军则从城里出击，里应外合，一定能取胜。"

宋义不同意，说："常言道，牛虻虽然能够惹牛，可不能咬死虱子。现在秦军攻打赵军，如果秦军胜，到那时秦军也已筋疲力尽①，我们趁其疲乏时进攻，就可不费力气获胜；如果秦军不能取胜，我们就可以乘机向西进攻秦国，一定能把秦国攻下。所以，让秦、赵两军先打是上策②。老实说，冲锋陷阵我不如你，但制定战略你不如我！"

接着，宋义针对项羽，向军中传令："凶猛得像老虎、蛮横不听调遣的人，不管是谁都要杀！"

与此同时，宋义派他的儿子去齐国担任相国，并借此大摆宴席。当时天气寒冷，大雨不止，士兵们都在受冻挨饿。项羽乘机对大家说："我们本应同心协力攻打秦军，现在却停在这里不进军。现在兵荒马乱，百姓困苦不堪，军中又没有存粮，但上将军却邀请宾客大吃大喝，还说要等秦军打得疲惫的时候再进军。依我看，秦军那么强大，很容易就把新建立的赵国打败。赵国被它打败后，它就会更强大，哪里还有什么疲惫的机会可乘呢？我们

---

① 筋疲力尽：精神疲乏，气力用尽。形容精神和身体极度疲劳。
② 上策：比较好的办法。

楚军不久前打了败仗，大王把所有的人马都交给了上将军，国家的命运就看这一仗了。现在士兵们受冻挨饿，而他却毫不体恤，只为自己打算，这不是一心为国的忠臣！"

项羽在做了这番鼓动后，就闯入军帐杀了宋义，并宣称：宋义勾结齐国反楚，楚王暗中下令杀之。将士们马上拥戴项羽代理上将军职务。项羽把这件事报告了楚怀王，楚怀王见事已如此，只得任命项羽为上将军。

项羽杀宋义这件事，不仅震惊了楚国，也使项羽在各国都树立了威名。在这种情况下，他先派当阳君和蒲将军率领两万人渡河攻打秦军。在取得小胜后，赵国请求增兵。于是，项羽率全军渡河救援赵军。

项羽在全军渡河之后，把所有的船只凿沉，并且打破做饭的锅，烧掉宿营的屋子，每人只携带三天的干粮出发，以表示决心死战，没有一点儿后退的打算。

大军到了巨鹿，立即发动进攻，从外面包围了秦国将领王离的军队。经过九次大战，截断了秦军的补给线，王离被活捉；另一个秦国将领涉间被围，不肯投降，投火自焚。

在这之前，来救援赵国的各诸侯的军队有好几路，并在巨鹿城附近扎了十多座营垒，可是没有哪一路军队敢出兵与秦军交锋。项羽率领的楚军到巨鹿后，冲锋陷阵，直扑敌人，喊杀声震天动地，最后击溃了秦军，从而使楚军的声威压倒了其他各路诸侯的军队。

战事结束后，项羽召见各路将领。这些将领走进营门后，马上都跪在地上，战战兢兢地用膝盖向前移动，谁也不敢抬头看项羽。从此,项羽成了各路诸侯的上将军,各路军队全听从他的指挥。

思考与领悟

项羽之所以敢和秦军交锋,是因为他已决定破釜沉舟,不胜利就不活着回来。士兵的士气也由此高涨,敢豁出性命去厮杀。破釜沉舟看似压力重重,其实压力有时也可以是人前进的动力,它既能让人成长,又能让人坚强。

七擒七纵

出处

西晋·陈寿《三国志·蜀志·诸葛亮传》:"亮率众南征,其秋悉平。"裴松之注引《汉晋春秋》:"亮笑,纵使更战,七纵七擒,而亮犹遣获。"

释义

三国时,诸葛亮七次擒获孟获,七次将其释放,终使孟获心甘情愿地归顺蜀国。比喻有收有放,善于运用策略使对方心悦诚服。后常用此说明兵家"攻城为下,攻心为上"的道理。

典故

诸葛亮为了巩固后方,为出兵祁山伐魏做准备,于225年率军平定南方。当时南方首领是孟获。

诸葛亮得知孟获不但作战勇敢,意志坚强,而且为人忠厚,在彝族中极得人心;因此,决定把他招降过来。

孟获虽然勇敢,但有勇无谋不善于用兵。第一次上阵,见蜀兵败退下去,以为蜀兵不敌自己,便不顾一切地追上去;结果闯进埋伏圈被擒。孟获认定自己会被诸葛亮处死,不料诸葛亮亲自给他松绑，好言劝他归顺。

孟获不服失败，拒绝投降。于是诸葛亮就放他回去。这样一连捉了七次又放了七次。最后孟获把各部族首领请来，带着他们一起上阵，结果又被蜀兵引进埋伏圈，一网打尽。蜀营里传出话来，让孟获等回去，不少部族首领请孟获做主，究竟怎么办？孟获流着眼泪说："作战中七擒七纵，自古以来没有听说过。丞相对我们仁至义尽，我没有脸再回去了。"就这样，孟获等终于归顺了蜀汉。

思考与领悟

孟获虽然勇敢，但有勇无谋不善于用兵，在作战中被诸葛亮七擒七纵；最后终于归顺了蜀汉。擒杀一个人容易，降服一个人的心则不容易。"七擒七纵"已是仁至义尽了。

千军万马

出处

唐·姚察、姚思廉《梁书·陈庆之列传》:"先是洛阳童谣曰'名师大将莫自牢,千兵万马避白袍'。"

释义

形容雄壮的队伍或浩大的声势。

典故

南北朝时期,有一个著名的将领叫陈庆之。有一年,梁武帝派他率兵去攻打北魏。开始时,他率兵攻占城池,所向披靡①。直到在荥阳城下,陈庆之率兵对北魏军发动猛烈进攻;但是荥阳城的防守非常牢固,无论怎样攻打都不能成功。

久攻不下之时,北魏的援军到了,梁军被前后夹击。陈庆之看见自己的士兵士气低落,便召集将士们,鼓舞大家说:"大家跟随我,南征北战,攻下了数十座城池,杀死了不计其数的魏军

---

① 所向披靡:比喻力量所达到的地方,一切障碍全被扫除。所向:力所到达的地方;披靡:溃败。

士兵。现在三十万魏兵把我们当成仇人，而我们只有七千人；如果不和他们拼死决战，我们必会死无葬身之地。"

陈庆之说的话激励了梁军的士兵，士兵们士气大振，拼死攻城，很快攻占了荥阳城。陈庆之趁热打铁，率军一路杀到洛阳城下，洛阳的守军不战而降。当时，陈庆之的士兵都穿着白色的战袍，在洛阳城中来回穿梭，十分神气，魏国百姓见了都感慨道："名师大将莫自牢，千兵万马避白袍。"后世便演变出"千军万马"这一成语。

思考与领悟

千军万马，形容声势浩大，所向披靡，所到之处无不给人一种强大的气势。这个故事告诉我们，在遇到危险的时候，不要气馁，首先要从气势上蔑视困难，不可自乱阵脚。

千人所指

出处

东汉·班固《汉书·王嘉列传》:"里谚曰'千人所指,无病而死'。"

释义

受众人指责,形容触犯众怒。千人:众人,许多人;指:指责。

典故

西汉时,汉哀帝的侍臣董贤因美貌而又善于奉承颇为得宠。一天,董贤陪哀帝午睡,一个翻身把哀帝的衣袖压住了。哀帝醒来见他睡得很熟,怕抽出衣袖惊醒了他,便索性叫宫人剪断衣袖后才起身。

董贤得宠后,不断得到赏赐,家人也跟着享福。尽管如此,哀帝觉得对他还不够好,想找机会封他为侯。

哀帝没有儿子,又体弱多病①。东平王想篡位,就和东平王后串通起来,暗地里诅咒哀帝早日死去。不料,这件大逆不道的事

---

① 体弱多病:身体虚弱,很容易得病。

被两个朝臣得知；这二人联名写了一道奏章，通过太监宋弦向哀帝告发；结果，东平王畏罪自杀，东平王后也被处死。

事后要论功行赏，有人为了迎合哀帝心意，建议哀帝把通过太监宋弦送奏章改为通过董贤送，这样便可封他为侯。哀帝大喜，亲自起草了一道诏书，封董贤和那两个大臣为侯。诏书下达后，丞相王嘉和御史大夫贾延竭力反对，哀帝心虚，只好把这件事暂时搁起来。过了几个月，哀帝不顾一切地下诏封董贤为侯。丞相王嘉再次竭力反对，哀帝很气愤，对王嘉疏远起来。

公元前2年，哀帝的祖母傅太后去世。哀帝以傅太后有遗命为由，加封给董贤二千户。王嘉接到诏书后，把它封起来退给哀帝，并又劝谏。他在奏章中写道："董贤靠着陛下的宠幸，骄奢放纵，恶名远扬。俗语说：千人所指，无病而死。臣为他今后的下场感到寒心。望陛下考虑到祖宗创业的艰难，别再这样做了！"

哀帝大怒，逼王嘉服毒自杀，王嘉严词拒绝，在狱中绝食身亡。王嘉死后，没有人再敢向哀帝直言进谏了。于是，哀帝任命董贤为三大公之一的大司马，这时董贤才二十二岁。

但是，董贤的好景不长。公元前1年哀帝病死，董贤失去靠山，皇太后罢了他的官，董贤和妻子也因恐惧而自杀了。

思考与领悟

良药苦口利于病，忠言逆耳利于行。有王嘉这样多次直言进谏的贤臣，哀帝并不领情，反而一而再，再而三地执意封官给品行极差的董贤。作为一国之君，真是昏庸无道了。

前车之鉴

出处

战国·荀况《荀子·成相篇》:"前车已覆,后未知更何觉时!"

释义

前面的车子翻车了,后面的车子应该从中得到教训。比喻把前人的失败当作以后的教训。

典故

贾谊是西汉杰出的政治家、文学家。他从小就有"神童"之誉,十八岁就名满天下[①],受到了汉文帝的重用,担任梁王太傅一职。

有一次,他将写好的一篇文章《治安策》,上书给汉文帝。他指出:"夏殷周之所以能统治这么长时间,在于其能够很好地教导每位继任的太子。而秦朝却只有短短的两代便灭亡,这是因为宦官赵高只教导秦始皇的次子胡亥如何处杀囚犯,所以胡亥学到的都是斩杀犯人、灭人宗族这些事。胡亥当上皇帝就变得更为

---

① 名满天下:天下闻名。形容名声极大。

残暴，杀人简直跟割草一样。难道胡亥天生就是这样残暴的吗？不是的，那是教导他的人教的罢了！古语说'前车之覆，后车之鉴'，即看到前面的车子翻车，后面的车子就应该引以为戒！秦朝灭亡的前车之覆，应该作为我们的后车之鉴！"

汉文帝看了《治安策》后，十分欣赏，并且采纳了文中的一些建议，把心思用在治国上；所以在他统治期间，汉朝越来越强盛，史称"文景之治[①]"。

思考与领悟

贾谊的《治安策》让汉文帝从中看到了秦朝灭亡的原因，从中吸取教训，并借鉴到自己的治国理政上。我们在生活和学习中，也可以汲取前人失败的经验教训，引以为戒，避免自己犯同样的错误。

[①] 文景之治：西汉文帝、景帝两代四十年左右的时间，政治稳定，经济生产得到显著发展，历来被视为封建社会的"盛世"，史称"文景之治"。

前功尽弃

出处

西汉·刘向《战国策·西周策》:"公之功甚多。今公又以秦兵出塞,过两周,践韩,而以攻梁,一攻而不得,前功尽灭。"

释义

以前的功劳全部丢失。也指以前的努力全部白费。功:功劳;尽:完全;弃:丢失。

典故

秦昭王为了能够一统天下,重用了一个叫白起的将军,白起带兵先后打败了韩国和魏国。

公元前281年,秦昭王派白起去攻打魏国的都城大梁。有个叫苏厉的人知道了,就对周赧王说:"如果大梁被秦攻占,周朝就危险了!"

周赧王是东周之主,虽然他是天子,但是各诸侯根本不怕他,苏厉的话让他很害怕。苏厉说:"现在有个办法,就是找人去劝白起不要带兵挑起战争。"

赧王哪里知道怎么去劝说白起啊！苏厉自信地说："派人去找白起，告诉他打败韩国和魏国，还夺去了北方赵国很多土地，立下的战功已经很大了！如果再攻打魏国首都，万一失败了就会前功尽弃。他可以称自己病了，不去攻打魏国。"

思考与领悟

白起先后打败了韩、魏，他的功劳已经很大了；万一这个时候失败，以前的努力也就白费了。所以，苏厉才会让周赧王劝他不要在此时攻打大梁。其实，这也是劝我们做事须谨慎，前面已经做了很多努力，千万不可因为贪功而前功尽弃。

黔驴技穷

出处

唐·柳宗元《三戒·黔之驴》。

释义

比喻有限的一点本领也已经用完了。黔：今贵州省一带；技：技能；穷：尽。

典故

古时候，黔中一带连一头毛驴都没有。有个人用船从外地运回来一头驴，但是不知道该把它放在哪儿，只能暂时把它放在山脚下。

有一天，一只凶猛的老虎来找食物，正好碰上这头驴。老虎从来没见过驴，被它奇怪的样子吓坏了，赶紧躲在树丛里，偷偷观察。

不一会儿，老虎小心翼翼①地接近毛驴。毛驴突然长嘶了一声，声音洪亮。老虎吓得"嗖"的一下就跑了，它还以为驴子发

---

① 小心翼翼：原形容恭敬谨慎。后形容十分谨慎，一点也不敢疏忽。

怒了，要吃掉自己呢！

老虎不死心，又观察了驴子几天后，觉得它也没什么别的本事，听惯了它的叫声，也没什么可怕的了。老虎便又靠近驴子，在它的后面转来转去。老虎挨得越来越近了，它不断地冒犯毛驴，惹得毛驴生气并使出了自己的绝招：抬起一只蹄子，猛地踢了一下老虎。

老虎被踢中了，却也明白了这驴子不过如此，于是它猛地向驴子扑过去，把它吃掉了。

思考与领悟

这头驴子之所以会送命，是因为它虚有其表，没有真本事；老虎之所以能得胜，是因为它在貌似强大的对手面前，既不胆怯，又不鲁莽，勤于观察，敢于战斗。所以，只要掌握了真才实学，走遍天下都不怕。

倾国倾城

出处

东汉·班固《汉书·外戚传》:"北方有佳人,绝世而独立。一顾倾人城,再顾倾人国。"

释义

原指因女色而亡国,后多形容女子容貌极美。倾:倾覆;城:城池。

典故

从秦朝起,宫廷就设有乐府,到汉武帝时,乐府的规模已经很大。乐府掌管朝会、宴请、道路游行时所用的音乐,同时收集民间的诗歌和乐曲。当时有个名叫李延年的宫廷乐师,他的父母兄弟都是乐工,妹妹也是一名歌伎。

李延年很受武帝赏识,常在武帝面前边唱歌边跳舞。有一次,他动情地唱道:

"北方有佳人,绝世而独立。一顾倾人城,再顾倾人国。宁不知倾城与倾国,佳人难再得。"

歌词的意思是：北方有个非常美丽的姑娘，她是绝代佳人。全城，甚至是全国的人看了她都为之倾倒，这种倾城倾国的美人难以再见到。

汉武帝听了急忙问李延年："难道世上真有这样的绝代佳人？"

李延年还未回答，武帝的姐姐平阳公主笑着说道："有这样的佳人啊，她就是李乐师的妹妹呀！"

武帝立即传这位佳人进宫。武帝一看，其美貌果然举世无双，于是将她留在身边，称为李夫人。李夫人不仅人长得漂亮，而且能歌善舞，很受武帝宠爱。

可惜佳人薄命，李夫人在汉武帝身边只过了几年富贵的生活，就患病而死。汉武帝悲痛不已，很长时间都无心料理朝政。

思考与领悟

国君如果太迷恋于女色，很容易耽误国事，这个倾国倾城的女子就会被大臣、百姓怨恨，成为国家的罪人，国家也不会长治久安。容貌只是外在的东西，心灵美才重要，所以不要把时间浪费在穿衣打扮上，应用功读书成为一个有内涵的人。

请君入瓮

出处

唐·张鷟（zhuó）《朝野佥载·周兴》："即索大瓮，以火围之，起谓兴曰'有内状勘老兄，请兄入此瓮'。"

释义

比喻用某人整治别人的办法来整治他自己。瓮：一种陶制的盛器。

典故

武则天是中国历史上唯一的女皇帝，为了巩固自己的统治地位，她任用酷吏实行高压政策，并且奖励告密者。假如告密者所举发的事是真的，武则天就给他升官晋级；如果是诬告，也不会受到处罚。因此，告密的人越来越多。

正因为武则天采取这种政策，所以她手下的一些酷吏[①]想尽办法诬陷政敌，并不断改进刑具来逼迫犯人认罪。这些酷吏中，最有名的要数周兴和来俊臣了。然而，武则天对这些酷吏也不过是

---

① 酷吏：滥用刑罚、残害百姓的官吏。

加以利用，当他们没有利用价值时，便也劫数难逃①。

有一次，酷吏周兴被人密告伙同别人谋反，武则天便派来俊臣去审理这件案子，并且定下破案期限。来俊臣和周兴关系一向不错，所以感到很棘手②，他苦苦思索，终于想出一个办法。

一天，来俊臣请周兴来他府中聊天，说："最近审问犯人老是没有结果，不知老兄可有什么新招数？"

周兴一向对刑具很有研究，时常研究出一些稀奇古怪的酷刑来逼供。周兴很得意地对来俊臣说："我最近发明了一种新方法，你只要准备一个大瓮，四周放满炭火，再把犯人放进去，无论他多么狡猾，也受不了这个滋味，一定会招认的。"

来俊臣听了，便吩咐手下人抬来一个大瓮，照着刚才周兴所说的方法生上火。等大瓮被炭火烧得通红以后，他便站起身，把脸一板，对周兴说："有人告你谋反，现在皇上命我来审问你，如果你不老实招认，那我只好请你进这个大瓮了！"

周兴听了大惊失色③，只好俯首认罪。

> 思考与领悟

"请君入瓮"，这么残酷的审讯方式只是众多酷刑中的一种，还有许多比这种方式更残忍的刑罚，可周兴怎么也没有想到自己出的主意竟会被用到自己身上来。所以说，害人之心不可有，每天想着怎么去残害别人，最后这些害人的招数都会落到自己身上来。

---

① 劫数难逃：命中注定的灾祸难以逃脱。
② 棘手：比喻事情难办。
③ 大惊失色：形容非常害怕，脸色都变了。

穷则思变

出处

西周·姬昌《周易·系辞下》:"《易》穷则变,变则通,通则久。"

释义

事物到了尽头就要发生变化。现指人处在穷困艰难的境地,就会想办法改变现状。

典故

伏羲氏是上古时代的一位首领。一天晚上,伏羲氏抬头观看天空中大大小小的繁星,星罗棋布①。猛然间他发现,它们纵横交错的位置与地上的山川河流好像有相通之处。第二天,他又仔细地察看了各种岩石的裂缝,观察了各种鸟兽的花纹,并把它们联系在一起,发明了"八卦②"。

上古时代的生活特别艰苦,什么生活工具都没有。人们捕鱼

---

① 星罗棋布:像天上的星星、棋盘上的棋子那样散布着。形容数量多,分布广。
② 八卦:中国古代的一套象征性符号,由三条长画或短画组成的八种图式,用于占卜和象征。

同现在没法比，那时是站在水里，拿个树枝去戳水中的鱼，一天下来，也捕不了几条。后来伏羲氏运用疏密相间的黏附原理，发明了渔网；从此人们捕鱼就很容易了，捕的鱼也多了。

伏羲氏死后，又一个首领神农氏根据八卦"穷则变，变则通，通则久"这一原理，发明了木犁①。他用硬木加工成木犁，再将树干用火烤后弄弯，做成犁柄。木犁出现以后，人们可以开垦出大片的土地，土地增多了，生产的粮食也就多了。人们所种的东西并不相同，而且不同的人有不同的需要。于是，神农氏规定：在某一固定的时间，凡是需要交换东西的人，将所交换的货物集中在市场上，彼此交换，这就是最初的集市。集市的出现，大大方便了人们的生活。

> **思考与领悟**

伏羲氏发明了渔网，让上古时代的人们告别了站在水里拿树枝插鱼的方法。这个故事告诉我们当事情发展到一定程度后就会出现新的变化，我们在日常生活和学习中也应该多动脑，多思考。

---

① 木犁：用于农田或旱地的耕作，过去用人力或畜力牵引。

取长补短

出处

战国·孟轲《孟子·滕文公上》:"今滕,绝长补短,将五十里也,犹可以为善国。"

释义

学习他人的长处,弥补自己的不足。

典故

孟子是战国时期伟大的思想家、教育家、政治家,儒家学派的代表人物。他学识渊博[①],仁义善良,因此受到很多人的尊敬。每当人们遇到困难、碰到问题的时候,总会向孟子请教;而孟子也会非常和蔼客气地给人们讲解道理,提出建议。

战国时期,滕国是一个很弱小的国家,太子滕文公想让滕国强盛起来,但想不出什么好办法;而他对孟子的名声早有所闻。所以,滕文公出使楚国,在路过齐国时拜会了孟子。孟子同他讲了人性本善的道理。太子疑惑,于是他从楚国回来的时候,又去

---

① 渊博:精深而广博。

拜访了孟子。孟子说："您不要怀疑我所说的话，天下的真理只有这么一个。成是个勇士，他曾对齐景公说'他是个男子汉，我也是个男子汉，我为什么要怕他呢'。孔子最得意的弟子颜渊曾说'舜是什么样的人，我也是什么样的人，所有有作为的人都能像他那样'。假如现在滕国把土地宽阔的地方截下来，补在短小的地方，那么就可以组成一个正方形，每边之长至少也有五十里。只要实行仁政，肯定能把它治理成一个富裕强大的国家。"

后来的成语"取长补短"即由"截长补短"演化而来。

思考与领悟

这个成语告诉我们，不论是治理国家还是个人修养，取长补短是我们应有的态度。在生活和学习中，我们要学习别人身上的长处，弥补自己身上不足的地方。这样才能够进步，才能成为更加优秀的人。

人面兽心

出处

战国·列御寇《列子·黄帝》:"夏桀、殷纣、鲁桓、楚穆,状貌七窍,皆同于人,而有禽兽之心。"

释义

面貌虽然是人,但心肠像野兽一样凶狠。形容为人凶残卑鄙,品德极坏。

典故

据说杨朱①有一次将老子请到家里,尊敬地向老子请教。老子见他态度诚恳,便给他讲了这么一个道理:

看人看事,不应该看他的外表如何,而应该看他的心智。圣人都是看心智而不看外表的。然而凡夫俗子只看外表,外表与我相同的,我就亲近他;外表与我不同的,我就疏远他。只要有身子、手、脚、头发、牙齿,你就说他是人,但是这种人也许有一颗兽心。他虽然长着一颗野兽的心,但外表却与人一模一样,

---

① 杨朱:战国初期的思想家、哲学家,是道家"杨朱学派"的创始人。

你也会亲近他。那些长有翅膀，有角、有爪、能飞、能跳的是禽兽，然而禽兽未必没有一颗人心，它们虽然有人心，但外表不与人相同，你还会疏远它的。

过去的伏羲氏、女娲氏、神农氏、夏后氏，全是蛇身人面、牛头虎鼻，没有人的外表，可他们却有至高无上的圣德。夏桀、殷纣、鲁桓、楚穆这些暴君，虽外表都与人相同，却长着禽兽的心。如果人们只看外表而以为他们也有德行，那不是上当了吗？禽兽的心智也有与人相似的地方，例如它们会找东西吃，会雄雌相偶，会母子相亲，会逃避敌害，会躲寒就温，会居则成群，会行则有列，会幼者居内，会壮者居外，会觅食相助，会遇害群鸣……可是禽兽的心智远不如人，所以人能使唤它们。

在黄帝与炎帝时期，熊罴狼豹上战场作战、雕鹰鸢鸟协助攻敌，这是用力量驯化禽兽的结果。尧帝就不同了，他用音乐令百兽跳舞，用箫、笛让凤凰来仪、百鸟齐鸣。上古之人知道万物的情态，了解异类的声音，所以才能驯化它们，这只有圣人才能做到啊！

杨朱听了老子的这番话，感到获益匪浅[①]，对他更加佩服了。

思考与领悟

看人看事，不应看其表象，而应察其内里。面对禽兽之人，如果只看其外表，就很有可能深受其害。

[①] 获益匪浅：形容获得很大的益处和启迪。

人人自危

出处

西汉·司马迁《史记·李斯列传》:"群臣人人自危,欲畔者众。"

释义

每个人都觉得自己有危险,形容局势非常紧张。

典故

公元前210年,秦始皇巡行出游,随同前往的有丞相李斯和中车府令兼符玺令赵高,以及秦始皇的小儿子胡亥。同年七月,秦始皇到达沙丘①就生了病,而且病得非常严重,就命赵高写诏书给守卫边疆的大儿子扶苏,交代他把军队交给蒙恬,立即到咸阳去主持葬礼。诏书已经封好,还没有交给使者,秦始皇就死了。

这时,诏书、印玺都在赵高手里,只有胡亥、李斯、赵高以

---

① 沙丘:今河北邢台广宗、平乡一带。

及五六个亲信宦官知道秦始皇去世，其余群臣都不知道。赵高阴险地对胡亥说："皇帝去世了，他没有留下诏书封你们这些皇子为王，而只赐给扶苏一封诏书。扶苏一到，就可登基称帝，而您连封地也没有，这怎么办呢？"

胡亥认为这是无可奈何①的事，赵高却说："并非如此，当今天下的大权，无论谁生谁死，都在您、我和李斯三人手里掌握着，希望您好好考虑考虑。"

胡亥经不起赵高一再诱惑，终于决定篡夺皇位。于是，赵高代替胡亥去和丞相李斯商量。一开始，李斯不同意这样做，但经不起赵高软硬兼施，他终于依从了赵高。接着，三人一起伪造了秦始皇给扶苏的诏书，内容是赐剑要他自杀，将军蒙恬不能纠正扶苏的错误，为人臣而不尽忠，应一起自杀。

使者把诏书送到上郡后，扶苏哭泣了一阵后想去自杀，蒙恬对诏书表示怀疑，但在使者连连催促下，扶苏还是自杀而死。蒙恬不肯自杀，使者便立即将他扣押起来。

胡亥当上皇帝后，称为秦二世。赵高为他出主意说，只有实行严厉的法律和残酷的刑罚，把犯法的和受牵连的人统统杀死，才能巩固政权。胡亥听信了他的话，重新修订律法。接着，胡亥又下令杀死了掌握兵权的将军蒙毅等人，又把自己的十二个兄长在咸阳街头斩首，将十个姐姐车裂，没收了他们的全部财物，连带一起治罪者更是不计其数。

---

① 无可奈何：感到没有办法，只有这样了。

思考与领悟

为了巩固君主统治,必须以民为基础。君主应施仁政于民,取得人民的爱戴,只有"本固"才能"邦宁"。孟子的"民为贵,社稷次之,君为轻。"将民的重要性置于国家和君之前,指出民心的向背关系着国家和君主统治的安危。

如泣如诉

出处

北宋·苏轼《前赤壁赋》:"其声呜呜然,如怨如慕,如泣如诉。"

释义

好像在哭泣,又好像在诉说,形容声音悲切凄凉。

典故

北宋时,苏东坡因遭人非议,被贬到黄州当团练副使①。初到这里时,他非常绝望,但很快,他便从失意的痛苦中解脱出来,调整了情绪,也适应了环境。他觉得这里很不错,虽不能有所作为,却可以修身养性。

一天,苏东坡带了三位朋友,坐船到赤壁之下。江面清风徐来,涛声依旧;空中圆月朗照,洒下一片银光。

苏东坡只觉得心旷神怡②,飘飘欲仙,忘情之间,他敲着船舷打着拍子,唱起歌来。一位朋友依着歌声吹箫应和,一吹一唱,

---

① 团练副使:官名。常用以安置被贬官员,无职掌。
② 心旷神怡:心境开阔,精神愉快。

十分和谐。

苏东坡听着呜呜的箫声，忽然觉得有点怪异，便停了歌，倾耳来听。这声音似怨恨，似爱慕，如泣如诉，余音凄切婉转，好像将断未断的一缕细丝，在夜空中袅袅①远播。

苏东坡觉得有点扫兴，他问这位吹箫的朋友："好端端的为什么要吹这样哀伤的调子呢？"

那朋友悲凄地回答道："'月明星稀，乌鹊南飞。'想当初，曹操亲率大军，破荆州，下江陵，战船千里相连，旌旗遮蔽天空。他面对大江饮酒赋诗，何等的气概！这赤壁正是曹操被周瑜所困的地方，如今他在哪里呢？可叹人生多么短暂！虽想永生不死，但又怎么能做到！所以，我只得寄情于悲声之中啊！"

苏东坡开导朋友："你看这江水，奔流不息，万物和我们自己是互相拥有，无穷无尽的！再如江上清风、山间明月，非我所有，却任我观赏，尽情享受。你不觉得拥有整个世界，其乐无穷吗？这样，你还有什么看不开的呢？"

一番话使那位朋友恍然大悟，转悲为喜。大家继续畅饮尽欢，夜深才回。

思考与领悟

那位吹箫的朋友，因此景想起曹操当年的壮举，而如今却物是人非，甚是悲伤。其实，历史并不需要人们去缅怀，因为它曾经辉煌。所以，我们不要一味地沉浸在悲痛中，要向前看，要保持乐观向上的心态。

---

① 袅袅：形容声音延长不绝，宛转悠扬。

如释重负

出处

战国·谷梁赤《谷梁传·昭公二十九年①》:"昭公出奔,民如释重负。"

释义

如同放下了沉重的负担,感到轻松愉快。形容紧张心情过去以后的轻松愉快。释:放下;重负:重担。

典故

公元前542年,鲁昭公即位。当时,鲁国的实权掌握在三卿,即季孙宿、叔孙豹和孟孙的手中,其中又以季孙宿为尊。昭公作为国君,只知游乐,不知勤政,百姓对他十分失望。

大夫子家羁见昭公如此,便劝说他加强中央集权,免得被外人夺了皇位。昭公一开始不以为然②,可日子久了,他发觉三卿的势力越来越大,已严重威胁到他。于是,他便暗中拉拢反对三卿的势力,寻找机会扳倒三卿。

---

① 昭公二十九年:公元前513年。

② 不以为然:不认为是对的,表示不同意或否定。

没过多长时间，季孙宿死去，他的孙子意如承袭了卿位。而大夫公若、邱孙、藏孙与季孙意如不合，打算联手扳倒季孙氏，于是几人便偷偷联系昭公长子公为商量此事。公为回宫后，便和弟弟们劝说昭公除掉季孙氏，以绝后患。

秋天，三卿中的叔孙豹有事离开都城，就托家臣鬷戾掌管府中事宜。昭公觉得此时行动最好，季孙氏一定会孤立无援①，于是就让邱孙、藏孙带兵悄悄包围了季孙氏的家宅。

季孙意如无法调动军队，又得不到叔孙豹的支援，只得守好家门。很快，鬷戾就得到季孙氏被围的消息，他马上率军队赶了过去。昭公的人马不敢与之对抗，即刻就四处逃散。

三卿中的孟孙得知此事后也马上派兵支援。昭公见三卿联合了起来，知道自己要败了，便跟着藏孙一起躲到了齐国。昭公早就失去了民心，所以百姓对他的败走无动于衷，反而觉得好像卸下了身上的重担。

史学家就从这个故事中得出"如释重负"的成语。

思考与领悟

昭公荒淫无度，当他随着藏孙一起到齐国避难时，百姓反而感觉如释重负。我们生活在新社会，没有重重的压迫，却也觉得身上的"包袱"实在太重：有的是学业压力，有的是工作压力……这时候，不如放下包袱，轻装上阵，或许会收获意想不到的成功。

---

① 孤立无援：只有一个人或一方面的力量，得不到外力援助。

如鱼得水

出处

西晋·陈寿《三国志·蜀书·诸葛亮传》:"孤之有孔明,犹鱼之有水也。"

释义

好像鱼得到水一样,比喻有所凭借,也比喻结识了跟自己十分投契的人或身处很合适自己的环境。

典故

东汉末年,社会动荡不安,军阀豪强割据称霸,都想占有天下,战争连年不断。可是这样的混乱场面总要结束的。

当时,刘备雄心勃勃,一心想要匡扶①汉室,他非常渴望得到有见识、有才干的人来帮助自己。名士司马徽向他推荐:"从一

---

① 匡扶:匡正扶持,辅佐。

般的儒生里，哪能找得到真正洞察天下大事的俊杰人物呢？俗话说识时务者为俊杰啊！"他向刘备推荐了两个称得上"俊杰"的人物，其中一个是"凤雏先生"庞统，另一个则是"卧龙先生"诸葛亮。

刘备记起谋士徐庶也几次三番盛赞诸葛亮的才能，于是便亲自到襄阳附近的隆中拜访诸葛亮。经过三次登门才见到诸葛亮，这就是历史上著名的"三顾茅庐"的故事。

刘备对诸葛亮说起三次拜访的经过，诸葛亮见刘备诚心诚意，三顾茅庐，十分感动。刘备谈了自己的抱负，请教平定天下的办法。诸葛亮精辟地分析了当时天下的形势，并提出夺取荆州和益州，同时安抚西南少数民族，实施东联孙权、北抗曹操的战略方针。刘备听了十分叹服，当即拜诸葛亮为军师。诸葛亮也愿意尽力辅佐刘备，成就大业。刘备终于得到了自己的智囊。

从此，两人日夜商议军中大事，关系也越来越密切。可是刘备对诸葛亮的信服和谦恭却引起了刘备的结义兄弟——关羽和张飞的不满。刘备向他们耐心地解释说："我得孔明先生相助，就如同鱼得到了水，所以希望你们能够支持。"当然，鱼得到水自然就可以畅快地活动了。

在诸葛亮的帮助下，刘备最终占据了荆州和益州，于221年建立了蜀汉政权。刘备和诸葛亮的故事也流传至今。

思考与领悟

刘备想要匡扶社稷,无奈没有良才可用,正像那鱼儿缺少水一般。诸葛亮因刘备三顾茅庐才同意出山,为他分析局势,自己也得到了重用。刘备和诸葛亮二人之所以能够相辅相成,是因为他们有着共同的目标,见面之后相谈甚欢[①],他们的合作当然是如鱼得水啦。所以,找到跟自己合拍的人共事或者适合自己发展的环境是很重要的。

---

① 相谈甚欢:相互之间交流很好,很投机;一些观念比较相似,语言行为合得来。

出处

唐·张怀瓘《书断·王羲之》:"晋帝时祭北郊,更祝版,工人削之,笔入木三分。"

释义

书法家王羲之曾在木板上写字,木工在刻那块木板时,发现字迹渗透到木板三分深处。形容书法刚劲有力,也比喻文章见解深刻。

典故

王羲之是东晋时期著名的书法家,他取众家之长,创造了一种具有独特风格的书法流派,被后人誉为"书圣"。

王羲之自小就很有书法天赋,七岁时已崭露头角,写得一手好字。十二岁那年,他偶然在父亲的书房里发现了一本讲解书法的好书，就偷偷拿出来阅读；从此他手不释卷①，日夜攻读，一丝不苟②地按书中讲的方法运笔练字，书法水平飞速进步。王羲之每天练完了字，就到后花园的池塘边清洗笔砚。天长日久，整池水都被墨汁染黑了，可见王羲之练字是何等的勤奋刻苦。

一天清晨，王羲之独自一人在山下散步。忽然，他看见一位年迈的妇人拿着十几把纸扇，要到集市上去卖，每把纸扇只能卖二十钱。王羲之见老妇人贫苦可怜，就借来笔墨，在每把扇子上都题了字。老妇人哪里认识王羲之呀，见他在白白净净的纸扇上写了字，心中叫苦不迭③。王羲之见状笑道："只要说这是王右军写的字，保你每把卖一百钱！"老妇人接过纸扇，半信半疑地来到集市上，照着王羲之的话叫卖了一番。人们听了，马上争先恐后地掏钱购买，一会儿工夫，十几把扇子就被抢购一空，老妇人这才欣慰地笑了。

相传，王羲之曾给朝廷写过祭祀天地神明，祈求国泰民安、五谷丰登的"祝版"。晋成帝即位后，命祝版工人更换祝版上的题词。谁知工人们在那块木板上刮了好半天，也没能把王羲之原来的字迹刮掉。工人们拿起祝版仔细一看，都大吃一惊，连声赞叹，原来，王羲之写的每个字都入木三分，好像用刀刻的一般，哪里能轻易刮掉呢？

---

① 手不释卷：书本不离手。形容勤奋好学。
② 一丝不苟：做事认真细致，一点儿不马虎。
③ 叫苦不迭：连声喊苦。

思考与领悟

书法家王羲之之所以有入木三分的功力，是因为他坚持不懈地刻苦练习书法。一池塘的水都被他清洗笔砚给染黑了，可见他下了很多苦功。做任何事情，要想取得成就都必须付出努力，勤奋刻苦。

S

塞翁失马

出处

西汉·刘安及其门客《淮南子·人间训》:"近塞上之人有善术者,马无故亡而入胡。人皆吊之。其父曰'此何遽不为福乎'。居数月,其马将胡骏马而归。人皆贺之。……故福之为祸,祸之为福,化不可极,深不可测也。"

释义

比喻虽然一时受到了损失,但是也许会从中得到其他的好处,坏事变成好事。

典故

边塞有个老者,叫塞翁。他对事物有自己的独特看法,并且他人缘很好。

一天,塞翁家里的一匹马突然跑了出去。邻居们知道了都劝他,怕他伤心。没想到塞翁不以为意,还说:"不就是丢了一匹马吗,没什么大不了的,马儿跑了,说不定会给我带来好处呢!"可是邻居们才不信有这么好的事呢。

不久后，塞翁家的马竟然跑了回来，还带了一匹胡人[①]的好马回来了。邻居们知道了，都来向塞翁祝贺，称赞那是一匹好马。而塞翁却并不高兴，说："这有什么值得庆幸的。没花一分钱得了一匹胡马，弄不好会给我家引来灾祸呢。"邻居们都觉得塞翁老糊涂了，好事坏事都分不清了。

塞翁的儿子非常喜欢骑马，自从家里添了那匹胡马，他就整天骑出去游玩。谁知道，那匹胡马很不听话，把他从马背上摔下来，腿摔断了，走路只能一瘸一拐。

邻居们听说了，赶紧过来安慰塞翁。可是塞翁一点都不难过，还安慰大家说："他的腿瘸了，虽然很不幸，但也可能是件好事。"果然，一年之后胡人打了过来，战争开始了，边塞的青壮男人都得去打仗，很多人都战死了。但是，塞翁的儿子因为腿有残疾，就没有被拉上战场打仗，他和老父亲都保住了性命。

思考与领悟

塞翁丢了马本来是坏事，结果马跑了回来还带了一匹好马，变成了好事；儿子骑这匹好马把腿摔残了，好事变成了坏事；因为残疾不用去打仗，保全了性命，坏事又变成了好事。这个故事告诉我们一个祸福相依[②]的道理：在生活中遇到困境时，要保持乐观，相信在一定条件下好事和坏事可以相互转化。

[①] 胡人：中国古代对北方边地及西域各民族人民的称呼。
[②] 祸福相依：祸与福相因而生。

三思而行

出处

春秋·孔子《论语·公冶长》:"季文子三思而后行。子闻之,曰'再,斯可矣'。"

释义

反复考虑,然后再做。三:再三,表示多次;思:思考;而:然后;行:行动。

典故

春秋时,鲁国大夫季孙行父,即季文子,为人谨慎,凡事都要考虑多次以后才决定做不做和怎样做,即主张"三思而行"。

在干一件事情之前,多考虑考虑,然后行动,总是利多弊少的。可是孔子却并不赞同季文子的这种态度。孔子出生的时候,季文子已经去世十多年了。孔子听人说到关于季文子的谨慎态度时评论道:"没有必要'三思',只要能'再思'就可以了。"

孔子为什么认为"只要'再思'就可以了"呢?

宋代儒学家程颢、朱熹等人的解释是：考虑一两遍，就足以决定；考虑一多，反而患得患失①，犹疑不定了。

思考与领悟

做一项工作，要经过反复考虑，然后才去做，这样才能不出或少出差错。也就是说在做出决定，付诸实施之前，应正反两方面考虑，权衡其利弊之后再做出决定。

---

① 患得患失：担心得不到，得到了又担心失掉。形容把个人得失看得很重。

神机妙算

出处

南朝·宋·范晔《后汉书·王涣传》:"又能以谲数发擿奸伏,京师称叹,以为涣有神算。"

释义

惊人的机智,巧妙的计谋。借以形容善于估计复杂的情势变化,制定策略。

典故

208年,曹操想要消灭孙权和刘备的势力,统一全国。刘备就派诸葛亮去东吴联合孙权,一起对付曹操。

东吴大都督叫周瑜,他嫉妒诸葛亮的才能,总想把他除掉。有一次,诸葛亮立了一个军令状,要在三天之内造出十万支箭,要是交不出十万支箭,就会被杀头。

诸葛亮胸有成竹,他私下向东吴大将鲁肃要了二十只快船,每只船上配备了三十名士兵,船上都用青布做帐幕,还扎放了上千个草人。鲁肃不明白诸葛亮这是要做什么。

诸葛亮趁着江面上笼罩着大雾，下令让草船逐渐靠近曹军的水寨，还让士兵装作要攻打曹军的样子。曹操一听，江面上鼓声、呐喊声很是响亮，以为敌军来偷袭，就让曹军用箭射向对方。只听无数"嗖！嗖！……"声，上万名弓箭手将箭向江中射去。

等诸葛亮下令返航时，二十只船的草人上已经插满了箭，远远超过十万支了。他又让各船士兵齐声高喊："谢丞相赠箭！"曹操这才知道上当了。周瑜知道后感叹道："诸葛亮神机妙算，我不如他啊！"

思考与领悟

诸葛亮面对常人眼里不可能完成的任务时，没有把思路局限于造箭，而是利用谋略向曹操"借了"十多万支箭。这个故事对我们的启示是，当遇到困难或者压力比较大时，利用智慧，换个思路去考虑，事情就会有不一样的结果。

声东击西

出处

西汉·刘安及其门客《淮南子·兵略训》:"故用兵之道,示之以柔而迎之以刚,示之以弱而乘之以强,为之以歙而应之以张,将欲西而示之以东,……"

释义

表面上说着要攻打东边,其实是要攻打西边。这是军事上使敌人产生错觉的一种出奇制胜战术,泛指故意制造声势,转移视线而从他处攻击。

典故

为了团结西域各国,共同摆脱匈奴的控制,班超于东汉时期出使西域。打通汉与西域的南北通道,是便于西域各国共同抗敌的首要之举。

莎车国地处大漠西部边境,不断鼓动周围的国家依附匈奴,与汉朝为敌。班超决定先平定莎车国。莎车国的国王求助于龟兹,龟兹王亲率五万人马救援莎车国。班超与阗等国家联合,但兵力只有龟兹的一半，众寡悬殊①，难以制胜，唯有智取。

班超采用声东击西之策诱导敌方。他故意让手下的人在军中广散对自己不满的传言，制造出将要输给龟兹国的迹象，还特意让莎车国的俘虏听得清清楚楚。当天傍晚，班超命令阗国大军向东撤退，自己则率兵向西撤退。从表面上看，班超的兵队显得慌乱不堪，实则是将俘虏故意放跑。俘虏逃回莎车营就立刻将汉军慌忙撤退的消息上报于龟兹王。龟兹王听后哈哈大笑，以为班超是被己方大军的阵势吓得而慌忙逃窜。于是，他亲自率领两队精兵一路向西追杀班超。班超早有预谋，趁夜幕笼罩②大漠，撤退仅十里地，让部队就地隐藏。而一心只想取胜的龟兹王率领追兵飞驰而过，却不知班超的人马隐藏于此。随后，班超立即召集撤退于东边的阗国大军，二者迅速会合杀向莎车。由天而降的班超部队，给莎车王来个措手不及，莎车军队迅速瓦解。莎车王逃走不及，只能投降。龟兹王追赶了一夜，非但没见到班超部队的影子，反而得到莎车已被平定的噩耗③；但大势已去，龟兹王只好落魄地逃回自己的国家。

思考与领悟

班超制造慌忙撤退的假象，实则趁夜幕隐藏部队，打了莎车国一个措手不及。这个故事告诉我们，在面对难以战胜的困难时，不要轻易放弃，要善用智慧克服困难。

---

① 众寡悬殊：形容双方人力的多少相差极大。悬：距离远，大。
② 笼罩：广泛覆盖的样子。
③ 噩耗：凶信，多指人死的消息。

盛气凌人

出处

西汉·刘向《战国策·赵策四》:"左师触龙言愿见太后,太后盛气而胥之入。"

清·曾国藩《求阙斋语》:"今日我以盛气凌人,预想他日人亦以盛气凌我之身,或凌我之子孙。"

释义

以骄横的气势压人。形容傲慢自大,气势逼人。盛气:骄横的气焰。凌:欺凌。

典故

战国时,赵惠文王去世,赵太后辅佐年幼的赵孝成王执政。赵太后即赫赫有名①的赵威后。当时的赵国,虽武有廉颇,文有蔺相如、平原君等人,但国势已大不如前。而西方的秦国看到赵国正处于新旧交替之际,国内动荡不安,孝成王又年少无知,主政

---

① 赫赫有名:声名显赫。赫赫:显著盛大的样子。

的是孤儿寡母，认为有机可乘，便派遣兵将攻伐赵国。秦军一举攻占了赵国的三座城池。赵国危在旦夕，赵太后不得不请求与赵国关系密切的齐国救援。

齐国唯恐赵国过河拆桥，要求赵太后将小儿子长安君送到齐国当人质，才肯出兵相救。赵太后原本是通情达理的女人，是中国历史上著名的巾帼英雄①。但她太溺爱小儿子了，坚决不同意年幼的儿子去冒险，并怒气冲冲地对大臣们说："谁再主张派长安君去当人质，我就把唾沫吐他脸上！"

大臣触龙求见，太后知道他也是来做说客的，很是厌烦，装出盛气凌人的样子，传他觐见。触龙陈述利弊："我们都知道太后您疼爱自己的小儿子，封他高官厚禄，而不让他为国立功。可是，一旦秦国攻来，若没有齐国救兵，赵国必难抵挡。恕微臣直言，秦人乃狼虎之性，等到赵国灭亡，先王所有的子女都不能保全，长安君又怎么能安然无恙？微臣认为，执政者应该让子女为国家建功立业，取得人民的拥戴，绝不能使子女安享由父母的权势而得到的尊位。安富尊荣，坐享其成，不仅业无继者，就连已有的财富也将荡然无存。如今情况危急，赵国唯有答应齐国的要求，送长安君到齐国做人质，才能幸免于难。此乃一箭双雕之策，万望太后切莫再拒绝。"

触龙入情入理地分析，循循善诱②地开导，终于说服赵太后答应齐国的条件。秦国抵不过赵、齐联军，无功而返。赵国得救，

---

① 巾帼英雄：女子中的英雄。巾帼：古代妇女佩戴的头巾和发饰，后借指妇女。
② 循循善诱：善于引导别人学习。

赵太后的小儿子长安君也平安归来。

> **思考与领悟**

　　与人交往如果用盛气凌人的态度，对方心里一定会非常不舒服，这样是交不到朋友的。所以，在与人交往时要心平气和，和颜悦色[①]，说话做事能够换位思考，这样才会交到很多好朋友。

[①] 和颜悦色：形容态度和蔼可亲。

视民如子

> 出处

春秋·左丘明《左传·昭公三十年①》:"吴光新得国,而亲其民,视民如子,辛苦同之,将用之也。"

> 释义

把百姓看作自己的孩子。形容爱民。

> 典故

春秋后期,吴王寿梦死后,王位几经传让,最后由公子僚当上了吴王。公子光不服气,认为自己是先王的长孙,照嫡出长子继位的制度,这王位该是他的。所以,公子光暗暗下了决心,一定要夺取王位。伍子胥把专诸推荐给公子光,助他成事。

终于有一天,公子光宴请吴王僚,让专诸扮作厨师,预先把短剑藏在鱼肚之中,做成菜肴送上酒席。酒席上,专诸取出短剑刺杀了吴王僚。

---

① 昭公三十年:公元前512年。

公子光得偿所愿，成了吴王阖闾；但是他用这种阴险的手段夺取了王位，未免心虚理亏。此后，他就非常注意树立自己的形象。

他任用伍子胥为相，协助他治理国家；任孙武为将军，靠他训练军队，旨在富国强兵。此外，他还特别注意自己的一举一动，总是一副仁君的样子。

他的个人生活极其俭朴，吃饭就一个菜，卧室只铺一层席，居住的宫室不加豪华装饰，外出的车船也不用美丽的纹彩，所有器物都很朴素，衣被服饰都挑又厚又牢、经久耐用①的，以节省开支。遇到天灾瘟疫，他必定亲自巡访慰问孤寡百姓，给予救济，帮助解困。到军队视察又严格自律，与士兵吃同样的饭食，劳军的食品必定分赏到每个兵士手中。他还抽空与百姓一起劳动，与他们同甘共苦，真正是爱民如子。很快地，他就得到了百姓的认可和拥护。

吴王僚被杀后，他的两个弟弟逃到楚国避难，楚昭王收留了他们。楚昭王的庶兄子西不以为然②，对楚昭王说："阖闾当上国君不久，就大受拥护，可见他的手腕不同寻常。他既把百姓看作自己的儿子，与百姓休戚与共③，百姓也一定会替他出力，你收留他的仇人，恐怕会引火烧身。"

果然，几年以后，吴国实力大增。在百姓的全力支持下，阖闾出兵攻打楚国，五战五胜，灭了楚国。

---

① 经久耐用：形容质量特别好。
② 不以为然：不认为是对的。表示不同意或否定。
③ 休戚与共：彼此共同承担忧喜、福祸。形容关系密切，利害相同。

思考与领悟

吴王阖闾虽然用不正当的方法获取了王位，但百姓还对他拥戴有加，正是因为他能够和百姓休戚与共，和士兵同甘共苦。这也是一个人想要成为优秀领导者的必备条件。

守口如瓶

出处

唐·释道世《诸经要集·择交部·惩过》:"防意如城,守口如瓶。"

释义

闭口不谈,像瓶口塞紧了一般。形容说话谨慎,严守秘密。守口:紧闭着嘴不讲话。

典故

北宋时期,有个大臣叫富弼。他年轻时很有学问,范仲淹把他推荐给当朝的枢密使①晏殊。晏殊也很喜欢他的才学,便把女儿嫁给了他,还把他推荐给了宋仁宗。后来,富弼成为当时有名的大官,曾和契丹谈判,保全了宋朝的疆土。

嘉祐年间,富弼又升任宰相。后来王安石主张变法,富弼常和他发生争执。富弼知道自己争不过王安石,就经常装病。后来,王安石推行变法,富弼遭到排挤;于是,他辞去宰相之职,

---

① 枢密使:古代官名。

告老还乡①。虽然他告老还乡了，但还是常常上书提出自己的看法。神宗虽然不会全部采纳，但很重视他的意见。

富弼是一个很正直的人，他曾经对人说，一个人应该"守口如瓶，防意如城②"。意思是说：说话要谨慎，办事要严格遏止自己的私心。

思考与领悟

富弼很有才能，对于政事也有很多想法，但他从不随便表露情绪。这并不是他不能言善辩③，而是他对自己的要求很高，说话办事都很谨慎。我们要向富弼学习，说话不随意，要做到谨言慎行④。

---

① 告老还乡：古代官吏以年老多病为理由向皇帝请求辞去官职，回到家乡。
② 防意如城：严格遏止私心杂念，像守城防敌一般。
③ 能言善辩：形容能说会道。
④ 谨言慎行：言语行动小心谨慎。

守株待兔

出处

战国·韩非《韩非子·五蠹》:"宋人有耕者,田中有株,兔走触株,折颈而死,因释其耒而守株,冀复得兔。兔不可复得,而身为宋国笑。"

释义

守在树桩旁边等着兔子撞上来,比喻妄想不劳而获[①]。株:树桩。

典故

春秋时期,宋国有个农夫,他每天都起得非常早,在田里干一天的农活,到了太阳下山才回家,非常辛苦。

有一天,农夫正在田里干活,突然一只兔子跑了过来。这只兔子跑得特别快,而且很急,一不小心,一头撞死在了农田旁边的一棵树桩上。农夫看见了,赶紧跑了过去,白白捡了一只兔子。于是,他丢下农活,提着兔子高兴地回家去了。

回到家,农夫把兔子交给妻子,妻子做了香喷喷的野兔肉,

[①] 不劳而获:自己不劳动却占有别人的劳动成果。

两口子有说有笑①美美地吃了一顿，别提多高兴了。农夫边吃边想：天底下有这么好的事情，我何必每天那么辛苦地种田呢？

　　从此以后，他就天天等在树桩旁边，希望能再有兔子撞死在树桩上，连农田也不管了。可是，他等了很多天都没有遇到一只撞死的兔子；而此时，他的农田里长满了杂草，地也荒芜②了。

思考与领悟

　　农夫偶然捡到一只撞死的兔子，就连农田也不管了，天天在树桩边等着捡兔子；结果兔子没捡到，农田也荒芜了。在我们成长的过程中，一定要看清楚事物发展的本质，不要以偶然现象为标准来指导自己的方向，光想着不劳而获是要吃大亏的。

---

① 有说有笑：连说带笑，形容十分欢快。
② 荒芜：田地因无人管理而杂草丛生。

熟能生巧

出处

清·李汝珍《镜花缘》第三十一回:"唐敖道'九公不必谈了。俗语说的熟能生巧'。"

释义

熟练了,就能找到窍门,形容做事非常熟练。熟:熟练;巧:窍门。

典故

陈尧咨射箭十分精准,周围几乎没有人能比得过他。他觉得自己的箭术了得,就经常约一些人来家里看他射箭。

陈尧咨射箭十支能中八九支,可以说箭法相当高超。来观看的人对他的箭术也十分佩服,经常夸赞他,他就骄傲起来。

一天,他正在院子里练箭,门外走来一个卖油的老翁,那老翁放下自己手中的担子站在院外看了一会儿,脸上的表情淡淡,并没有出言赞美。陈尧咨就走过去询问:"老人家,你觉得我的箭术怎么样?"

老翁点头，说："还行。"

"还行吗？"陈尧咨有些气恼，问道，"你会射箭？想必你的箭术一定比我好。"

老翁说："我不会射箭，但我有另外一项技艺，你一定比不过我。如果你不信，就过来看我的打油技术吧！"

老翁说完，将一个葫芦放在地上，在葫芦嘴的上面放下一枚铜钱，然后就慢慢地用勺子把油倒进去。油从铜钱口如细水般流了进去，一滴也未沾到铜钱上。

老翁这精湛①的打油技术让陈尧咨惊叹不已，脸上不免带有一丝尴尬②之色。

老翁说道："我的这个技术与你的射箭技术一样高超，你做不了我的，我也做不了你的。其实这也没什么，只不过是做久了熟能生巧吧！"

陈尧咨听后，干笑几声，并未多说便让老翁走了。

思考与领悟

任何事情都有窍门，刚开始的时候谁也找不到，但只要每天多练习，就不是难事。人们对待不熟悉的事物都会有点恐惧，心里没底，但熟悉后就不仅不害怕，还会思考如何提高改善。

---

① 精湛：精深。
② 尴尬：处于两难境地无法摆脱。

水落石出

出处

北宋·欧阳修《醉翁亭记》:"野芳发而幽香,佳木秀而繁阴,风霜高洁,水落而石出者,山间之四时也。"

释义

水落下去,水底的石头就露出来。比喻事情的真相完全显露出来。

典故

苏轼是北宋的文学家,他被贬①到黄州的时候,曾两次去往黄州城外的赤壁。《前赤壁赋》和《后赤壁赋》这两篇传世之作②就是他在这里写成的。

当时,夜晚的月光非常明亮,苏轼和朋友迎着舒适的秋风散步,美丽的夜景让他们诗兴大发,忘记了所有的烦恼。

苏轼突然想到以酒助兴,才会更有意境。于是他回家取了

---

① 贬:降职。
② 传世之作:作品非常好,世代流传。

酒，来到赤壁下的长江岸边，登上船和朋友们共饮。

这时候，一切都很安静，只有水流的声音。高大的山峰屹立，月亮升到山顶时就变小了。潮水退落，原本在水底的石头就露了出来。"水落石出"一词就由此传开了。

思考与领悟

水落下去的时候，石头就会露出来，水就好像遮挡着事实的障碍。不过水终有落下去的那天，障碍清除了，真相就会显现出来。如果有什么问题看不明白或看不清楚，不要担心，时候到了，障碍就会被拨开，真相也会显露。

水深火热

出处

战国·孟轲《孟子·梁惠王章句下》:"以万乘之国伐万乘之国;箪食壶浆以迎王师;岂有他哉?避水火也。如水益深,如火益热,亦运而已矣。"

释义

形容老百姓所受的灾难,像水那样越来越深,像火那样越来越热。比喻人民生活极端痛苦。

典故

战国时期,燕国爆发了内战。齐宣王想趁机攻下燕国。于是,他派大将匡章带兵攻打燕国。

燕国的百姓对内战非常痛恨,所以不愿意对抗齐军,反而还有燕国百姓给齐军送饭,表示欢迎!匡章没有费什么力气,只用五十天就攻下了燕国的国都。但是,匡章不管束自己的军队,导致有些士兵开始欺负百姓。燕国百姓就都起来反抗他们。

这时,齐宣王向孟子请教:"我到底该不该吞并燕国呢?大家的意见都不一致，我该怎么办呢？"孟子回答说："那要看燕国的百姓了。吞并燕国，如果当地百姓高兴，这就是把百姓从水深火热里救了出来；如果当地百姓并不高兴而是反抗，那就不能吞并燕国。"孟子指出："刚开始，齐军攻入燕国，燕人送饭递水表示欢迎，那是因为燕国百姓想摆脱苦日子；现在，如果齐国吞并燕国，给燕人带来亡国灾难，使他们陷入水深火热之中，那他们一定会盼望其他的国家来解救自己。"

道理已经说得很明白了，可齐宣王还是决定吞并燕国，结果燕国人民奋力反抗，就连其他国家也派兵帮助燕国。齐军没办法，只能从燕国撤军了。

思考与领悟

齐宣王派兵平息了燕国的内乱，解救百姓于水火之中，得到当地百姓的欢迎；可是齐军却不想离开，还欺辱百姓，百姓便开始反抗他们。这不难理解，谁也不希望做亡国奴，哪里有压迫哪里就有反抗，百姓团结起来，力量就犹如洪水一般强大。

四面楚歌

出处

西汉·司马迁《史记·项羽本纪》:"项王军壁垓下,兵少食尽,汉军及诸侯兵围之数重。夜闻汉军四面皆楚歌,项王乃大惊,曰'汉皆已得楚乎?是何楚人之多也'。"

释义

四面受敌,陷入进入孤立无援的境地。

典故

西楚霸王项羽和汉王刘邦打仗打了多年,不分胜负,便罢兵议和。他们约定以鸿沟为界,互不侵犯。后来,刘邦不守信约,亲自率领大军把楚军杀了个措手不及。项羽没有防备,大败而退,一直退到了垓下。在垓下,项羽又中了埋伏,不能脱身。此时,项羽手下还有几员大将和几千精兵,他们个个骁勇善战,汉军一时间难以将项羽打败。

刘邦准备下令猛攻,韩信劝阻刘邦说,楚军虽然无路可逃,但还有善战的将士,强攻会给汉军造成无谓的伤亡。这时候,张良对刘邦说："我们可以让士兵大声唱楚歌，引起楚军的思乡之情，让他们无心抵抗，丧失战斗力。"

几天后的夜里，一轮明月高挂夜空，阵阵秋风吹得落叶簌簌作响。张良选了很多会唱楚歌的士兵，让他们聚集在一起唱楚歌。歌声婉转低沉，让楚人听了不禁思念家乡，思念亲人。

项羽在睡梦中忽然听到四面八方①传来的楚歌，大吃一惊②。楚军也是三五成群，有的窃窃私语，有的仰望明月，有的木然③远眺。项羽看到眼前的一切，心情沉重。他回想起当年高举义旗、勇冠三军的辉煌，想起叱咤风云，让千人丧胆的气概；再看看眼前的惨景，不禁让他百结愁肠，悲苦万分。他在营帐里闷闷地喝酒，心爱的美人虞姬为他舞剑，此时他已经完全丧失了斗志。楚军军心涣散，项羽带兵败至乌江，最后自刎。

思考与领悟

西楚霸王项羽的将士个个骁勇善战，所以张良没有让刘邦直接强攻，而是让汉军士兵们唱起了楚歌，让项羽及其兵将们陷入悲伤的思乡之情，从而丧失了斗志。这个故事告诉我们，无论打仗还是做事都要讲究谋略。

---

① 四面八方：各个方面或各个地方。
② 大吃一惊：形容对发生的事感到十分意外。
③ 木然：形容呆呆的无表情的神态。

T

贪得无厌

【出处】

春秋·左丘明《左传·昭公二十八年①》:"贪婪无厌,忿类无期。"

【释义】

贪婪之心永远没有满足的时候。厌:满足。

【典故】

荀瑶又称智瑶,后世多称智伯、智伯瑶;他是春秋时期晋国卿大夫,智氏家族领主,是一位才干出众、智谋过人的领袖。智伯执政期间,热衷于扩大智氏家族势力,晋国朝政智氏一家独大②,力压三卿。

春秋末年,智伯野心勃勃,他先联合韩、赵、魏三家攻打中行氏,强占了中行氏的土地。过了几年,他又逼迫韩康子割让了一块万户封地。接着,他又威逼魏桓子,魏桓子迫不得已只好割地求和。占领了这三位上卿的土地后,智伯得意忘形,以为天下

---

① 昭公二十八年:公元前514年。
② 一家独大:处于垄断地位,没有人可以相提并论。

所有人都害怕自己，便又要求赵襄子割让蔡和皋狼这两个地方。赵襄子断然拒绝。智伯恼羞成怒，胁迫韩康子和魏桓子一同讨伐赵襄子，双方在晋阳对峙了三年。赵襄子采纳谋士张孟谈的计策，说服韩康子和魏桓子与自己联合起来，乘夜出兵偷袭智伯，将他杀死。智伯终于落了个惨死的下场。

在三晋灭智的计划即将实施时，智氏家族的另一位卿大夫智果出于对家族的责任心劝诫智伯："如今晋阳将破，为防止韩氏、魏氏与赵氏勾结，我们要小心从事，不如挑出两个万户的大邑来打赏韩氏的家臣段规和魏氏的家臣任章，这样他们就会说服他们的主公继续与我们联合，直至灭掉赵氏。"

智伯一合计，觉得不划算。他认为智氏好不容易打下晋阳，灭赵氏后却要和韩、魏均分，如今还要封两个万户的大县邑给他们的家臣；那自己攻打赵氏岂不是给他人做苦力？智伯立刻拒绝了智果的建议。同时，他也将自己最后的胜算亲手葬送，等待他的只有死亡和家族的覆灭。

思考与领悟

三家分晋后，智伯国灭身亡，后人在叹息这位英明神武的军事天才的同时，总会批判他贪得无厌的行径。

桃李成蹊

出处

西汉·司马迁《史记·李将军列传》:"谚曰'桃李不言,下自成蹊'。此言虽小,可以谕大也。"

释义

原意是桃树和李树不招引人,但因它们有花和果实,人们在它们下面走来走去,便走成了一条小路。比喻为人品德高尚,诚实,正直,用不着自我宣扬,就自然受到人们的尊重和敬仰。

典故

西汉初期,北方的匈奴不断南侵,陇西①的名将李广奋勇抗击,匈奴既怕他又敬重他,称他为"飞将军"。一次,李广率领四千骑兵从右北平出发,与博望侯张骞带领的一万骑兵分两路围剿匈奴。

李广前进几百里后,被匈奴左贤王率领的四万骑兵包围。面对占有优势的敌人,李广竭尽全力组织抗击,直到张骞的大军赶

---

① 陇西:今甘肃省东部。

到才得以解围。这一次,李广几乎全军覆没,只得撤兵回去。事后,朝廷追究责任,张骞因拖延行程应处死刑,后出钱赎去死罪降为平民;李广杀敌有功,但部队损失太大,功过相抵既没有被处罚,也没有得封赏。

有一次,李广私下对占卜天象的王朔说:"汉朝抗击匈奴以来,我李广没有一次战役不曾参加。我率领过的部队当中,职位低的校尉中才能不及一般人,而因抗击匈奴有功被封侯的有数十人之多。我李广比起别人来不算落后,却从来没有因为积功而取得侯爵的封邑,这是为什么呢?"

王朔反问他说:"你做过什么遗憾的事吗?"

李广想了想说:"我镇守陇西的时候,羌人曾经造反,我用计哄骗他们,使他们投降了。后来我又用计,把这八百多投降者在同一天内杀死了。这是我最大的憾事。"

王朔叹息道:"给人带来灾祸的事,最严重的莫过于把已经投降的敌人杀掉。这就是将军没有被封侯的原因。"

公元前119年,朝廷决定对匈奴再发动一次大规模的攻击,分两路向匈奴进军。已经六十多岁的李广主动请战,担任前将军,归卫青指挥。李广在行进途中几次迷路,等他赶到会合地点,已比指定的时间迟了好几天。当时,匈奴已被卫青的大军打败。会合后,卫青派手下的人问李广迷路的经过,并催促李广的部下快到卫青那里去听审受问。李广气愤地说:"我的部下并没有罪,误期迟到的责任全在我一人身上,要审问就审问我。我现在亲自去大将军的幕府听候审问。"

接着,李广对部下说:"我一生跟匈奴打了大小七十多次仗，这次跟着大将军出战，本来很庆幸可与单于的军队对战，没想到大将军把我的队伍调开，让我走那条迂回遥远的路；偏偏我又迷了路，这岂不是天意？况且我已经六十多岁了，不能再同那些舞文弄墨①的小吏打交道了！"说完，便拔刀自刎。当李广去世的噩耗传出，全军将士无不痛哭流涕，老百姓无论老幼纷纷悼念他。虽然李广一生都未能封侯，但是他作战身先士卒，把赏赐都分给士兵，因此深受官兵和百姓的爱戴。

思考与领悟

李广勇猛善战，一生战功卓著，虽未能封侯，但始终受到官兵和百姓的爱戴，这和他以身作则、体恤士兵、和士兵同甘共苦是分不开的，所以司马迁借用谚语来称赞他。正是因为李广真诚高贵的品质，他才能赢得人们的崇敬。

---

① 舞文弄墨：故意玩弄文笔。原指曲引法律条文作弊，后常指玩弄文字技巧。

天之骄子

出处

东汉·班固《汉书·匈奴传上》:"南有大汉,北有强胡。胡者,天之骄子也,不为小礼以自烦。"

释义

老天爷的宠儿。原指强盛的北方民族胡人,后也指因父母溺爱,性情骄纵放肆不受管束的儿子。骄子:父母溺爱骄纵的儿子。

典故

作为一支强大的游牧民族,在秦末汉初的半个世纪中,匈奴先后征服了秦、汉皇廷领土北部、西北部和东北部许多少数民族,并屡犯秦、汉边疆。公元前200年,汉朝开国皇帝刘邦曾经亲自带领三十万大军和匈奴人作战,结果被围困七天七夜,历经艰难才脱险。此后,汉朝几代皇帝都不敢与匈奴硬碰硬。雄才大略的汉武帝即位后,决心解除这一后患。

武帝在位期间,先后派韩安国、卫青、霍去病等大将征伐匈奴，屡次取得重大胜利。公元前90年，匈奴单于狐鹿姑再次入侵汉朝疆域，抢掠百姓财物，杀死汉朝官员。武帝震怒，派贰师将军李广利领兵七万，御史大夫商丘成领兵三万，重合侯马通领兵四万，前去反击匈奴。

狐鹿姑得知大批汉军反击，马上丢弃笨重的军事设备，威逼民众迁居。汉军三支队伍进入匈奴控制区后，商丘成的人马与匈奴兵交战九天，均有死伤；马通的人马因匈奴兵自行退去，未曾交战；李广利的人马打败了匈奴军队，并乘胜向北追赶。

就在这时，京城里传来了李广利的家人因犯罪而被捕入狱的消息。李广利非常担忧，不知如何是好？部下有人建议，索性深入匈奴腹地①，建立更大的功勋，以此为家人抵罪。于是李广利继续北进，结果大获全胜，杀了匈奴的左大将。

狐鹿姑虽然丢弃笨重的军事设备后撤，但他的实力并没有受到多大损伤。等到李广利消耗了大部分兵力，狐鹿姑亲自率领五万骑兵，袭击李广利的队伍。结果，汉军大败，李广利投降；狐鹿姑把女儿嫁给他为妻。但一年后，李广利因遭到已投降匈奴的原汉使卫律的嫉妒而被害。

就这样，武帝派出的三支军队都被重挫，没有达到反击匈奴的目的。为此，单于派出使者，致书武帝说："南方有大汉，北方有强胡。你们知道我们胡是什么吗？胡，是上天的宠儿！"

单于要求武帝开放关口，方便匈奴人出入；允许他们娶汉女为妻，并每年给匈奴若干美酒、粟米、绸缎布帛。这样他们就不再入汉境骚扰。

---

① 腹地：中心一带的地区，内地。

汉武帝和匈奴通过这次针锋相对①的较量，认识到"上天的宠儿"一时难以消灭，于是就有了和谈的意思。武帝病死后，汉朝和匈奴仍是时战时和。

思考与领悟

制定战略战术，必须根据当时的政治、经济、社会、军事形势来考虑，绝不能盲目决策。汉武帝和匈奴通过针锋相对的较量，认识到匈奴一时难以消灭，就制定了包括和谈在内的政策，这是完全正确的。

---

① 针锋相对：比喻双方在策略、论点及行动方式等方面尖锐对立。

铁杆成针

出处

明·郑之珍《目连救母·四·刘氏斋尼》:"只在自加警省,好似铁杵磨针,心坚杵有成针日,莫惜区区岁月深。"

释义

比喻只要有毅力,肯下苦功,事情就能成功。杵:捶洗衣服用的棒槌。

典故

有着"诗仙"之称的李白,小的时候很聪明,却也贪玩,总是爱跑出去。

一天,趁人不注意,他扔下书,悄悄溜出去玩。他四处闲逛,不知不觉便到了小溪边,看到一个白发老婆婆正在溪边用力磨着铁杵。

李白很好奇,上前问道:"婆婆您在磨什么?"

老婆婆说:"我要把铁杵磨成绣花针。"

李白大吃一惊,问道:"那要几年才能磨成啊?"

老婆婆说:"怕什么,只要功夫深,铁杵照样能磨成绣花针。"

李白听了若有所思①,觉得自己现在不该浪费时间。从此以后,他刻苦学习,仔细观察,写下了许多不朽诗篇,成为流芳百世②的"诗仙"。

由此,有人提炼出"铁杵成针"这个成语,激励后人奋发进取。

思考与领悟

毅力,是一种韧劲,它往往会让人在挫折中表现出惊人的力量。成功的道路是难以一帆风顺的,但只要有毅力,最后一定能达成目标。

---

① 若有所思:好像在思考着什么。形容沉思不语的样子。
② 流芳百世:美名永传于后世。

投鼠忌器

出处

东汉·班固《汉书·贾谊传》："里谚曰'欲投鼠而忌器'。此善谕也。"

释义

想用东西打老鼠，又怕打坏了近旁的器物。比喻做事有顾忌，不敢放手干。

典故

贾谊是西汉初期著名的思想家、文学家，先后在朝中担任博士、迁太中大夫、长沙王太傅、梁怀王太傅等职。他写过不少内容充实、论述精辟的文章。其中，《治安策》就是极具代表性的名篇。

西汉初期，诸侯王几度叛乱，再加上北方匈奴的骚扰和其他社会问题的存在，导致中央与地方权利极不平衡。贾谊虽被贬谪①,但依然苦思忧惮。随后,贾谊根据当时情势写出了《治安策》,其中的政治思想、方案影响极大,后来的晁错、主父偃等人在一定程度上受其影响。《治安策》不仅以其政治思想被后人称赞,更以其文调而被后人推崇,被誉为"西汉第一雄文"。

贾谊将《治安策》上奏给汉文帝,在其中建议皇帝用"廉耻节礼"这样一套封建道德来约束王侯大臣。贾谊从"尊卑有别"的封建礼仪出发,表示对犯法的百姓可以用黥、劓、刖、笞等严刑来惩治;但是对犯法的王公大臣就不能用这些酷刑了,因为对王公贵族用刑有损皇帝的尊严,甚至会动摇政权的稳定。

贾谊为了使其论点有说服力,就讲了一个故事:颍川有个富人,很喜欢古董并收藏了很多。他的收藏品中有一件稀有的玉盂,其工艺精湛,价值连城。富人将这件宝物珍藏在箱柜里,不时拿出来把玩一番。

一天晚上,一只老鼠跳进了这个玉盂,它似乎也很喜欢这只玉器,在上面流连忘返②。正当它玩得高兴时,被这个富人看到了。这是他的珍宝,岂容一只肮脏的老鼠在上面跳窜。他非常恼火,盛怒之下,拿了块石头砸向老鼠。当然,老鼠是被砸死了,可那个珍贵的玉盂也被打破了。富人抚摸着玉盂碎片,难过极了。他深深后悔因为自己的鲁莽带来了不可挽回的损失。他认识到只考虑眼前而忽视后果,将给自己带来灾难。

他向世人发出警告,要"投鼠忌器",不要为了除掉一只老

---

① 贬谪:官吏降职并调往远方就任。
② 流连忘返:留恋不舍,忘记返回。

鼠而毁掉自己的宝物。后来，人们就用"投鼠忌器"比喻做事有所顾忌，不敢放手进行，以至于丧失最佳时机。

思考与领悟

很多事情都让人很矛盾，既需要多方考虑，又需要果断决定，以免错过最佳时机。其实考虑成熟了，认准了要做的事情就要果敢去做，不能总是犹犹豫豫，这样终究会一事无成。

出处

春秋·左丘明《左传·僖公十五年①》:"乱气狡愤,阴血周作,张脉偾兴,外强中干。"

释义

外有强形,内中干竭。泛指外表强大,内心空虚。干:枯竭、空虚。

典故

在秦、晋两国发生战争时,郑国为晋国送来了高头大马,晋惠公让战士们卸下本土的战马换上郑国赠送的战马。大臣庆郑劝告惠公说:"自古以来,打仗时都要用本国的好马,它们虽看起来瘦弱一些,却土生土长,熟悉道路,听从使唤。那些外来的马,看着高大,却不好驾驭;一旦遇到意外,只会乱踢乱叫,要不就傻站着不动。这种马外强中干,实际一点能耐也没有,怎么能用来作战呢?"

---

① 僖公十五年:公元前645年。

但是惠公没有听从庆郑的劝说。果不其然①，战斗一打响，战场上的鼓声、喊杀声就把郑国的大马吓得惊慌失措②，乱跑一气，很快陷入泥泞，进退不得。结果晋军大败，晋惠公也被秦军活捉。

思考与领悟

郑国的马看起来高大强壮，可战鼓一响，它们就被吓得乱踢乱跳，惊慌失措。这就是典型的外强中干，就像现在的学习、生活条件很好，可有不少同学的承受能力、自主能力却很弱。我们应从小锻炼意志，培养自信心和勇敢精神，形成坚强的性格。这样，我们未来的路才会越走越宽。

---

① 果不其然：事物的发展变化跟预料的一样。
② 惊慌失措：由于惊慌，一下子不知怎么办才好。

完璧归赵

出处

西汉·司马迁《史记·廉颇蔺相如列传》："城入赵而璧留秦；城不入，臣请完璧归赵。"

释义

本指蔺相如将和氏璧完好地从秦国带回赵国。后来比喻把东西完好无缺地归还原主。完：完整无缺；璧：古代一种扁圆形的、中间有孔的玉器；赵：赵国。

典故

惠文王统治赵国的时候，意外得到楚人卞和发现的一块罕见的宝玉。秦国的昭襄王听说这件事后，立刻派使臣送来一封信，说愿意用十五座城池来换取这块稀有的璧。这无疑是一个诱人的条件。

赵王与大臣们商议后认为，如果把璧交给秦国，恐怕被秦国欺骗，换不到秦国的城池；要是不给，估计秦国会派兵来犯。这样一来，赵国也难保了。

这时，有人向赵王推荐说："蔺相如能出使秦国。"于是，赵王立刻召见蔺相如，问他是否应将璧给秦王。蔺相如说："秦国强大，不能不给。"

"如果取了我的璧，但是却不给我城池，那怎么办？"赵王问蔺相如。

"秦国以城池来换璧，如果赵国不给璧，那是赵国没有理。赵国奉献出璧而秦国不给赵国城池，那么秦国是没有道理可言的。权衡这两种对策，可答应秦国，由秦国承担失信之名。"

赵王听了默默点头，接着问："那么有谁可以出使秦国？"

蔺相如回答说："如果大王还没有找到能出使的人，我愿意带着璧出使秦国。我在此向大王保证，如若秦国将城池给赵国，我就会将璧留在秦国；如若秦国不给，我一定完好无损[1]地将璧带回赵国。"这无疑是下军令状[2]了。

于是，赵王派蔺相如带璧入秦。秦王将蔺相如召至一处偏殿。蔺相如按照约定向秦王献上和氏璧，秦王非常开心，但他只是让左右大臣和后宫姬妾传看，并没有把十五座城池补偿给赵国的意思。蔺相如心生一计，走上前说道："这块璧上有个小斑点，请让我指给您看。"当然了，这块璧并不是真的有斑点。

蔺相如取璧到手后，退了几步，身子倚靠庭柱，气愤地说："为了送来和氏璧，我们赵国的大王沐浴更衣，连续五天不饮

---

[1] 完好无损：完整无缺，没有一点残损。
[2] 军令状：原为戏曲和旧小说中所说，是接受军令后写的保证书，表示如不能完成任务，愿依军法受惩。现泛指接受某项重大任务后写的保证书，范围也不再局限于军队。

酒，不吃荤，才毕恭毕敬①地将重要的国书交给我，我这才捧璧来秦。没想到大王傲慢无礼，不在正殿接见我，并且只顾让人传看和氏璧，不提交城之事。由此可见大王并不想以城换璧。现在和氏璧在我手里，大王要是逼迫我，我定将自己的脑袋和璧一起在柱上撞个粉碎！"

秦王怕他真的说到做到，立刻对他道歉，再三劝他不要这样做，并叫主管疆域户口的官吏来查看地图，指出要划给赵国的十五座城。秦王想用这种做法给蔺相如吃一颗"定心丸"。

蔺相如料到秦王只是装装样子，便说："和氏璧是天下公认的稀世珍宝，既然我们赵国的大王送璧时已经斋戒五天，如今大王接受它也应该斋戒五天，在朝堂上举行最隆重的仪式，只有这样我才能献璧。"蔺相如这样也是为了给自己的国家争得一份颜面。

秦王想，强夺总不太像样，便答应一定照办，并让蔺相如住在客栈等候。

蔺相如猜测秦王尽管答应斋戒五天再受璧，但肯定不会履行给赵国十五座城池的承诺；所以，他暗地里派随从穿上普通百姓的粗布衣服，把璧偷偷藏在怀里，从小路逃回赵国。这样一来蔺相如就没有后顾之忧了。

另一边，秦王斋戒五天后，在朝堂上举行了最隆重的礼仪，请蔺相如献璧。蔺相如到后，面色坦然地说："我怕被大王您欺骗而对不起赵国，已经派人将璧送回赵国。如果大王送城，赵国是不会不给璧的。我欺骗了大王，罪该万死，就请大王将我下油

---

① 毕恭毕敬：形容十分恭敬，后也形容十分端庄有礼。

锅烹死吧！"如今蔺相如是悍不畏死的。

秦王十分恼火，但冷静想想，就算杀了蔺相如，也得不到和氏璧，反而断绝了与赵国的友好情谊。最终，秦王在朝堂上正式接见了蔺相如，并且客气地放他回国了。蔺相如这次出使不仅没有被秦王夺去璧，还给了秦王一个警告。

后来，人们把这个故事概括成"完璧归赵"，用来比喻把东西完整无缺地归还原主。

思考与领悟

蔺相如不愧为赵国的上卿，真是一个有勇有谋的智多星；有了他，赵国才没有失去和氏璧，更没有引起战争。如果借用了别人的东西，要好好爱护，用完之后一定要完璧归赵哦。

玩火自焚

出处

春秋·左丘明《左传·隐公四年①》："夫兵犹火也,弗戢,将自焚也。"

释义

玩火的必定会烧了自己。比喻干冒险或害人的勾当,最后受害的还是自己。玩:玩弄;焚:烧。

典故

春秋时期,卫桓公的弟弟公子州吁残暴无情,竟然杀死了自己的兄长卫桓公,篡位登基。百姓反对他的呼声很高,他不仅不安抚民众,还向别国发动战事。鲁隐公问大夫众仲如何看待此事,众仲说:"如此凶残的人,是不会长久的。弑杀兄长,早晚众叛亲离②;兴兵作乱,百姓只会更恨他。用兵就像用火,不知收敛是会烧死自己的,所以他注定要失败。"

---

① 隐公四年:公元前719年。
② 众叛亲离:众人反对,亲人背离。形容完全孤立。

果然，没过多久，卫国人就借陈国之力杀死了州吁，推翻了他的统治。

> 思考与领悟

公子州吁杀兄篡位，又穷兵黩武①，他的结局早已注定，只是时间早晚而已。作为弟弟，要尊敬兄长，这是伦理亲情；作为国君，要体恤百姓，这是政事清明。不管怎样，要多行善事；今日为他人尽一分力，他日你会收到十分的感谢。

---

① 穷兵黩武：随意使用武力，不断发动侵略战争。形容极其好战。

亡羊补牢

出处

西汉·刘向《战国策·楚策四》:"亡羊而补牢,未为迟也。"

释义

羊丢了就赶快去修补羊圈,还不算太晚。比喻出了问题后马上想办法补救,能防止继续蒙受损失。亡:丢失;牢:牲口圈。

典故

从前,有个人养了很多羊,都养在羊圈里。一天早上他准备出去放羊,发现少了一只。原来羊圈破了个窟窿,夜里狼从窟窿里钻进来,把羊叼走了。

邻居劝告他说:"赶快把羊圈修一修,堵上那个窟窿吧!"

他没放在心上,说道:"羊已经丢了,还修羊圈干什么呢?"

第二天早上,他又准备出去放羊,到羊圈里一看,发现又少了一只羊。原来,狼又从窟窿里钻进来,把羊叼走了。

他后悔极了!觉得自己不该不听邻居的劝告。于是他赶快堵上了那个窟窿，把羊圈修补得结结实实。从此，他的羊再也没有被狼叼走过了。

思考与领悟

发现羊圈破了及时修补，虽然丢了的羊不会再回来，但至少不会继续丢羊了。当我们做的事情出现了纰漏[①]时，要及时想办法弥补过失，以免造成更大的损失。

[①] 纰漏：因疏忽造成的错误疏漏。

妄自菲薄

出处

三国·蜀·诸葛亮《前出师表》:"诚宜开张圣听,以光先帝遗德,恢宏志士之气,不宜妄自菲薄,引喻失义,以塞忠谏之路也。"

释义

过分看轻自己,形容自卑,自轻自贱。多用于贬义。妄:胡乱的;菲薄:小看,轻视。

典故

诸葛亮助刘备打天下,建立了蜀汉政权。如此,魏、蜀、吴三国鼎立的局面形成。刘备死后,就把自己的儿子刘禅托付给了诸葛亮。诸葛亮答应刘备帮助刘禅统一天下,兴复汉室。因此,他竭尽全力筹划北伐曹魏。

可是刘禅胸无大志,没有治国的才能,诸葛亮深感忧虑;于是在出征前夕,他写了一篇著名的《前出师表》给刘禅。

大概意思是:"先帝创下事业非常不容易,还没有完成统一大业就离开了。而现在,魏、蜀、吴三个国家并立,与魏和吴相比，我们蜀国比较弱小，情况十分危急。即使这样，我们蜀国的文武官员还是忠心耿耿[①]，文官没有在朝廷上混日子，武将也忠于职守，为国杀敌。大家都十分自觉，也是因为要报答先帝的恩情，不辜负先帝对大家的嘱托。因此，你应该发愤图强，振奋精神，千万不要妄自菲薄呀！"

思考与领悟

诸葛亮辅佐刘禅复兴汉室，可刘禅却胸无大志，没有治国才能。诸葛亮很担忧，希望刘禅能发愤图强，不要妄自菲薄。没错，或许我们并不完美，也不是天才，但我们还是要自信，因为"自信是成功的第一秘诀"。

---

① 忠心耿耿：形容非常忠诚。

望梅止渴

出处

南朝·宋·刘义庆《世说新语·假谲第二十七》：魏武行役，失汲道，军皆渴，乃令曰："前有大梅林，饶子，甘酸，可以解渴。"士卒闻之，口皆出水，乘此得及前源。

释义

因为梅子是比较酸的，所以人们看到或者听到梅子的时候就会不自觉地口舌生津，也达到了止渴的效果。比喻愿望无法实现，用空想安慰自己。

典故

三国时期，曹操率领大军走山道前去讨伐张绣。那天的阳光很刺眼，气温也很高，就连本就难行的道路和两边的石头都被太阳烤得很烫，感觉往上滴一滴水就化成水蒸气。

士兵都被这样的天气折磨得很痛苦，因为没有水喝，他们感到透不过气来，有的士兵甚至晕倒在路边。因此，行军的速度很慢。

曹操是一个爱兵的人，看到士兵们因为恶劣的天气这么痛苦，他连忙叫来自己的向导，小声地问："这附近有水源吗？"

向导无奈地摇摇头："附近并没有。泉水在山谷的另一面，我们要绕过去的话还需要走很远的路。"听了这样的话，曹操看着自己的手下无精打采，一点儿斗志都没有，而且如果以这样的速度前往水源那儿只会需要更长的时间，不由得着急又心痛。

曹操想了一会儿，对向导说："附近没有水的事不要告诉别人，让我来想想办法。"

他骑在马上，突然间看见不远处有一片树林，他灵光一闪，脚上一夹马背，向着那片树林奔去。

士兵们都不知道自己的将领想要做什么，只能远远地看着他；只见曹操以很快的速度进了那片树林，不见了。

就在大家都很疑惑的时候，曹操骑着马快速地返回来了。他红光满面，兴奋地对手下们说："将士们！我刚才去了前面那片树林子，那是一片茂盛的梅林！那里的梅子又大又好吃，我们快点赶过去吧！"

士兵们一听有大颗大颗的梅子，又想到梅子的酸味，都不由得津液盈口，就好像已经吃到了梅子一样。

口中不停溢出的津液帮大家止了渴，士兵们因为曹操的一个计策而士气大振，加快了行军的步伐，不久就到了山的另一边，并找到了水源。

思考与领悟

"望梅止渴"表现出来的是一种智慧,有了希望就有了斗志。我们应该向曹操学习,在面临危机时,不能慌张,要沉着冷静。一味地着急埋怨是解决不了问题的,我们可以换个思路来考虑问题。

闻鸡起舞

出处

唐·房玄龄等《晋书·祖逖列传》:"中夜闻荒鸡鸣,蹴琨觉曰'此非恶声也'。因起舞。"

释义

原意为听到鸡啼就起来舞剑,后来比喻有志报国的人及时奋起。

典故

祖逖,东晋范阳人,家中非常富有,为人慷慨大方,乐意帮助别人,常常到附近的乡村去帮助那些贫穷的人。因此,远近村落的人都十分尊敬他。

祖逖很小就失去了父母,被哥哥抚养长大。他小时候非常贪玩儿,不喜欢读书,直到十六岁才不得不开始读书。但是他记忆力超群,而且理解能力特别强,几年工夫,就成了既有学问又有能力的人,被很多人赏识。

因为在家乡的声誉很高,祖逖在二十二岁时就被推荐去担任大官，可他最后去司州做了个并不起眼的小官。他在那儿认识了刘琨。两个人相处得很好，同吃同住，形影不离，有公事的时候共同办公，休息的时候就一起出去尽情地游山玩水，饮酒作诗。这样的生活也算惬意①。

当时，北方少数民族入侵中原。祖逖和刘琨非常想为国家出力，建功立业②，因此两人常常在一起切磋武艺。有一次，他们睡得比较晚，但刚睡到半夜，祖逖就被鸡叫的声音惊醒了。他连忙将刘琨摇醒，然后对他说："鸡叫提醒我练武。赶快起来，咱们一起练武去。"

刘琨没有迟疑，即刻穿好衣服，和祖逖来到院子里开始练武。从那以后，他们每天都是鸡一叫就起来练武，一直没有间断过。后来，他们都因为才华出众③、武艺高强，成为东晋的名将。这就是著名的"闻鸡起舞"的故事。

▎思考与领悟▎

祖逖和他的朋友都成为才华出众的名将，为此，他们经历了多么刻苦努力的过程啊！我们要像他们一样，在学习和生活中对自己高要求，认真、刻苦、努力地做好自己该做的事情。

---

① 惬意：满意，称心，舒服。
② 建功立业：建立功勋，成就大业。
③ 才华出众：一个人的能力、水平、才华，远超一般人。

出处

北宋·苏轼《拟孙权答曹操书》:"仆受遗以来,卧薪尝胆,悼日月之逾迈,而叹功名之不立,上负先臣未报之忠,下悉伯符知人之明。"

释义

形容一个人忍辱负重,发愤图强①,终能够苦尽甘来。

典故

春秋时期,在长江下游有两个国家,一个是吴国,另一个是越国。他们都想让自己的国家强大起来,所以经常交战,希望能够征服对方。

会稽一战,越国败给了吴国,越王勾践想要自杀,大臣们都劝他委屈一下,以后再报仇复国。勾践只好去向吴王求和,表示自己愿意和妻子一起去吴国,给吴王当仆人。吴王骄傲极了!不听大臣们的话,让越王勾践和他的夫人一起来到了吴国。

勾践夫妇来到吴国,穿上破旧的衣服,住进简陋的房子,给

---

① 发愤图强:下定决心,努力谋求强盛或进步。

吴王养马、碾米，干了很多脏活累活。这对于一个国家的君主来说，简直是莫大的屈辱！他们在吴国整整干了三年，才回到自己的国家。

回国以后，越王勾践时刻不忘报仇雪恨。白天，他亲自下田耕种；晚上，就睡在柴草上。他在自己的屋子里挂了一颗苦胆，每天吃饭前都要先尝尝苦胆的味道，提醒自己不要忘记那些耻辱。

经过二十多年的努力，越国变得强大了，最后打败了吴国。

思考与领悟

越王勾践失败后想过自杀，但最后还是强忍着活下来了。他卧薪尝胆，忍辱负重，艰苦奋斗使越国国力逐渐恢复，并打败了吴国。其实，失败并不可怕，人生哪有不经历失败的；要想成功，就要积极面对眼前的问题，打败"困难"。敢于拼搏，不断努力，才能成功。

X

相见恨晚

> 出处

西汉·司马迁《史记·平津侯主父偃列传》:"天子召见三人,谓曰'公等皆安在?何相见之晚也'。"

> 释义

只恨相见得太晚。形容一见如故①,意气极其相投。恨:遗憾。

> 典故

汉武帝时的国力比汉朝初期强盛许多,国泰民安,四海升平;只是北方的匈奴不时侵扰汉朝边境,汉武帝为此头疼不已,希望能得到更多文武双全②的人才。

齐国临淄有一个叫主父偃的,他早年学习了纵横术,之后又学习了《易经》《春秋》等百家之言。他大概是学艺不精,被当地儒生排斥,在齐国无人赏识,生计艰难,于是他就跑到了燕、

---

① 一见如故:初次见面就像老朋友一样合得来。
② 文武双全:能文能武,文才和武艺都很出众。

赵、中山等国家，但还是不得重用。后来，他听说大将军卫青爱惜人才，就到长安求见卫青将军。卫青很赏识他，多次向汉武帝举荐，可是汉武帝并没有理睬。

此时主父偃身上的钱已所剩无几，大家也都躲避着他。主父偃心想：求人举荐不成，那就直接上书①皇帝吧！

与他同时上书的还有徐乐、严安二人。汉武帝看了他们的文章，极为欣赏，很快就召见了他们三人，并说："你们几个人原来都在哪里来着？真是相见恨晚呀！"于是，汉武帝拜他们三个人为郎中。

主父偃在政事上很有见解，一年当中连升四次官。后来，主父偃建议汉武帝颁布推恩令，允许诸侯可分封子女为侯。这样，既可令诸侯高兴，又可削弱他们的势力。他还建议将天下的英才、大族迁往茂陵，内可充实京城，外可削弱奸佞小人。

主父偃的政治才能让汉武帝十分信服，成为汉武帝身边的重臣，被封为平津侯。

思考与领悟

主父偃是一个很有才能的人，却无人赏识。汉武帝求贤若渴②，一直苦苦追寻。没想到主父偃直接上书引起了汉武帝的重视。这也告诉了我们是金子总会发光，是人才总会被发现。一时的遮掩，只是为了积聚力量，等待时机，相信终有一天你会实现自身价值，成为最璀璨的星光。

---

① 上书：向君主进呈书面意见。
② 求贤若渴：形容招致人才的迫切。

行尸走肉

出处

东晋·王嘉《拾遗记》卷六:"夫人好学,虽死若存;不学者虽存,谓之行尸走肉耳。"

释义

比喻没有理想、不思前想后、糊里糊涂过日子的人。

典故

东汉时有个人叫任末,从小家境贫寒,但他勤奋好学,始终坚持自学,终于成了一个大学问家。他经常鼓励自己说:"人要成才,就要活到老、学到老,才不会虚度一生①。"

他曾经在一片林子边搭了一个茅草屋,住在里面读书。他用荆条作笔,用树液加上烟灰作墨;晚上映着月光读书,没有月光就点着蒿草照明;读书有心得体会,就写在衣服上。日复一日,年复一年,他孜孜不倦②地苦读,终于成为一个十分博学的人。

---

① 虚度一生:一辈子什么都没有做。
② 孜孜不倦:工作或学习勤奋不知疲倦。

他一生收了很多学生，临终时告诫学生们说："一个人如果勤奋学习，即使他死了，也好像还活着；一个人如果不学习，即使他活着，也如行尸走肉。"

思考与领悟

任末说得很有道理，一个不学习、不上进的人，就像一个没有思想的行尸走肉。在校期间，是人生中最佳的学习时期，一定要珍惜时间，勤奋学习，让自己的人生过得有意义。

幸灾乐祸

出处

春秋·左丘明《左传·僖公十四年①》:"背施无亲,幸灾不仁。"

释义

人缺乏善意,在别人遇到灾祸时感到高兴。幸:高兴。

典故

春秋时期,晋国的太子到秦国避难,秦国非常照顾他。太子发誓说,等他回到晋国,登上王位,一定会用领土来回报秦国。后来秦国帮助他回到晋国,并登上王位,他就是晋惠公。但是,登上王位以后,他就把当初的承诺抛在脑后了。

晋惠公四年(前647),国家发生饥荒。秦国又给晋国送去很多粮食。没想到第二年,秦国也发生了灾荒,就去晋国买粮食。虽然晋国大丰收,可是他们却拒绝了秦国的请求。

晋国的大夫庆郑劝说晋惠公:"辜负别人的恩惠就会失去亲人;幸灾乐祸就是不讲仁义的行为;贪心不足,舍不得用财物去

---

① 僖公十四年:公元前646年。

救济别人就会有不好的事情发生。这些我们全占了，以后我们怎么立足啊！"

另一个大夫虢射却说："我们说给他们土地，不是也没给吗？现在不给粮食，也没关系啊！"

庆郑说："我们言而无信①，万一有一天我们遭逢灾祸，谁还会来帮助我们？"

虢射却说："秦国已经怨恨我们了，我们要是再把粮食卖给他们，他们的实力增强了，我们不就危险了吗？"

庆郑坚持道："背弃恩惠、幸灾乐祸的行为，普通百姓都会唾弃。即便是亲近的人都会因此而结仇，更不用说本来就是敌人了！"

其实他们不知道，晋惠公的行为已经惹怒了秦国。第二年，秦国发兵打败了晋国，并活捉了晋惠公。

思考与领悟

晋惠公背弃恩惠，幸灾乐祸，贪财又吝啬，大大激怒了秦国，最后自己也被秦军活捉。所以，做人还需有一颗善心和感恩之心。当看到路人需要帮忙时，能力范围内施以援手，这是善心；别人帮过你，你将这份情回馈于社会，去帮助更多的人，这就是感恩。如果人人都这么想、这么做，这个社会将充满爱！

---

① 言而无信：说话不算数，没有信用。

胸有成竹

出处

宋·苏轼《文与可画筼筜谷偃竹记》:"故画竹,必先得成竹于胸中。"

释义

原指画竹子要在心里有一幅竹子的形象。后比喻做事之前有通盘①的筹划。

典故

北宋有个画家,名叫文同,他擅长画竹子。很多人为了得到他画的竹子图,不远千里来拜访他。那么,他画的竹子这么好,诀窍在哪里呢?

原来,文同在自己的房前屋后,都种上了各种竹子。这样一来,不管什么季节、什么天气,他都能随时观察竹子的形态。一有新的灵感,他就马上回到书房,把心中的竹子画到纸上。

时间一天天过去,不同季节、不同天气、不同时刻的竹子,都是不一样的。但是,这些竹子的形态都印在了文同的心里。所

---

① 通盘:全盘,全面,兼顾各个部分。

以，他想要画什么样的竹子，那竹子的样子就会出现在眼前。他画得当然挥洒自如①了。

大家都夸赞他画的竹子好，他还总是很谦虚地说："我只是把我心里想的竹子画出来了而已。"

思考与领悟

文同画竹堪称一绝，原来他的心中早就有各种各样的竹子。他这样在竹子身上下苦功夫，成功是必然的。这也启示我们，在做事和学习的时候要仔细观察，把目标事物都深深地记在脑子里，能够达到文同胸有成竹的程度，这件事情就一定会办好的。

---

① 挥洒自如：形容画画、写字、作文，运笔能随心所欲。

虚张声势

出处

唐·韩愈《论淮西事宜状》:"淄青、恒冀两道,与蔡州气类略同,今闻讨伐元济,人情必有救助之意,然皆暗弱,自保无暇,虚张声势,则必有之。"

释义

假装出强大的气势,借以吓人。

典故

西汉景帝时,有"飞将军"美名的李广被封为上郡太守,负责防御北方匈奴的入侵。同时汉景帝派爱将来到上郡,帮助李广排兵布阵迎击匈奴。

一天,景帝宠臣与随从十多人外出打猎,遇到三个陌生人。三人不由分说,拔刀砍杀宠臣和随从。宠臣慌忙迎战,然而他们都不是这三人的对手。随从全部被杀,宠臣身受重伤,历经千辛万苦①逃回汉营禀告情况。李广得知情况后，赶紧查看宠臣的箭伤说："从受伤的情况看，一定是射雕的匈奴人干的。"李广气愤极了，带着一百多骑兵去追那三个匈奴射手，追了几十里地才追上。他射死了其中的两个，把第三个活捉了，正准备回营时，远远望见有几千名匈奴骑兵赶了上来。

李广手下的兵士见到那么多匈奴兵，不由得都慌了。李广对他们说："我们离开大营已有几十里地。如果现在往回跑，匈奴兵追上来，我们就完了。不如干脆停下来，让匈奴兵以为咱们是来引诱他们的，这样他们就一定不敢来攻击我们。"

接着，李广下令前进，在离开匈奴阵地仅仅两里的地方停了下来，命令兵士一齐下马，把马鞍全卸下来，就地休息。

匈奴的将领看到李广这样布置，真的有点害怕。他们远远地观察汉军的动静，不敢上来。

这时候，匈奴阵地上有一个骑白马的将军，走出来巡视队伍。李广突然带着十几名骑兵翻身上马，飞驰过去，一箭把他射死；然后又回到自己队伍，下马躺在地上休息。

匈奴兵越看越怀疑。天黑下来，他们认定汉军一定有埋伏，怕汉军半夜袭击他们，就连夜逃了回去。到了天亮，李广一瞧，山上已没有了匈奴兵，这才带着一百多名骑兵安然返回大营。李广这一计策被后人称为"虚张声势"，他不仅巧妙地保护了百余士兵，还吓跑了进犯的匈奴骑兵。

---

① 千辛万苦：各种各样的艰难困苦。

思考与领悟

将军李广在带着一百多名士兵遇到匈奴几千名士兵。在这样的情况下,他并没有下令马上逃离,而是采用计策和战术,假装有强大的后援,成功吓跑了匈奴骑兵。李广不仅有胆识更有谋略。我们在遇到困难的时候,不要慌张,要理智地去想解决办法。

削足适履

出处

西汉·刘安及其门客《淮南子·说林训》:"骨肉相爱,谗贼间之,而父子相危。夫所以养而害所养,譬犹削足而适履,杀头而便冠。"

释义

因为鞋小脚大,就把脚削去一块来凑合鞋的大小。比喻不合理的迁就凑合或不顾具体条件,生搬硬套。适:适应;履:鞋。

典故

春秋时期,楚灵王出兵徐国,命令其弟弃疾留守蔡国。但他的这个弟弟品行不端,又受谋士朝吴的挑唆,引兵回国杀死了灵王的两个儿子。灵王听到这个消息后悲愤之极,就上吊自杀了。弃疾不知灵王已死,又不敢马上即位,就立哥哥的儿子子午为新君。待他得知灵王已死,又马上逼子午自杀,恬不知耻①地自立为王。

晋国国君十分宠爱美女骊姬,不仅封她为夫人,还打算立

---

① 恬不知耻:做了坏事满不在乎,一点儿也不感到羞耻。

她所生的儿子奚齐为太子。晋王除了这个儿子，还有三个儿子：太子申、重耳、夷吾。因为太子申十分受百姓的拥护，不会轻易被废，所以骊姬就想通过挑拨晋王与三个儿子的关系来达到自己的目的。结果晋王听信谗言，竟让申自杀，还派兵捉拿重耳和夷吾。

这两则故事有一个共同点，都是在听信谗言后，弟弟逼死哥哥，父亲杀死儿子。在《淮南子·说林训》中提到：骨肉之间是最亲的，但如果有奸猾的小人从中挑唆，也会有父子相杀的情况出现。这就好比"削足而适履，杀头而便冠"。它的意思是说：鞋子小了，就把脚削小一点；帽子小了，就把头削一点。为了迁就鞋子、帽子，不惜伤筋动骨。这个成语劝诫人们不能一味地迁就凑合，生搬硬套①。

思考与领悟

兄弟姐妹是这个世界上除了父母以外最亲近的人，所以一定不要互相伤害，要团结友爱。解决问题的办法有很多，我们要懂得变通，条条大路通罗马，若是一条路被堵住了，就试试另一条路。

---

① 生搬硬套：不顾实际情况，机械地运用别人的经验，照抄别人的办法。

Y

言归于好

> **出处**

春秋·左丘明《左传》:"既盟之后,言归于好。"

> **释义**

重新和好。言:句首助词,无义。

> **典故**

曹操去世之后,他的儿子曹丕做了皇帝,也就是魏文帝。第二年,刘备也在四川称帝。

东吴孙权也想做皇帝,就去投靠了曹丕。曹丕让孙权做了吴王,还想立孙权的儿子孙登为王太子。孙权说自己的孩子还太小,所以不用封为王太子。

这一年,魏文帝向吴王孙权索要珍贵的贡品。东吴的大臣都不愿意给,集体反对,但是孙权说:"魏文帝立我儿子孙登为王太子只是一个借口,他的目的是要把孙登接到许昌为人质,一旦那样他让我做什么我都得同意。魏文帝要的这些贡品,对他来说是宝贝,但于我儿子的命来说,这些珍品并不算什么。"

于是，孙权派沈珩带着贡品去见魏文帝。魏文帝很高兴，问沈珩："吴王有没有对我不满，说我过于贪心？"

沈珩回答："陛下您信守承诺和东吴言归于好，所以吴王没有别的想法，愿意和您和平相处。"

魏文帝看到沈珩很机智，就和他谈论了一天国家大事，最后册立①孙登为王太子，允许孙登不用来许昌觐见。因为沈珩机智完成使命，所以回东吴后被封为安乡侯。

思考与领悟

无论是组织与组织之间，还是个人与个人之间，难免会产生一些隔阂。一旦双方有约定在先，就要对彼此宽容一些，为了共同的目的而努力奋斗。

---

① 册立：古代封立皇后、太子之礼称为"册立"。

掩耳盗铃

出处

战国·吕不韦及其门客《吕氏春秋·自知》:"百姓有得钟者,欲负而走,则钟大不可负。以椎毁之,钟况然有音。恐人闻之而夺己也,遽掩其耳。"

释义

偷铃铛怕别人听见而捂住自己的耳朵。比喻自己欺骗自己,明明掩盖不住事情偏要想法子掩盖。掩:遮蔽,遮盖;盗:偷。

典故

从前有个人很爱占便宜,为了得到别人的东西,竟然还会去偷!有一天,他路过一家富贵人家的门口,发现门前挂着一口精美的钟。他很喜欢,想据为己有。

可是,怎样才能拿到钟呢?他试着摘了一下,可那口钟太重了,他实在摘不动。这可怎么办呢?

最后,他终于想出了一个办法——把钟砸碎带回家。可是砸钟时会发出巨大的声响,那样就会惊动钟的主人。他转念一想,如果用棉花把耳朵塞住,不就听不到声音了吗?他觉得自己简直太聪明了,居然能想到这么好的办法!

当天晚上,他用棉花塞住耳朵,拿着锤子来砸钟。当他用锤子砸钟的时候,钟发出巨大的响声,惊动了钟的主人,主人马上把他抓了起来。

思考与领悟

世间万物都是客观存在的,不会因为你闭上眼睛、堵上耳朵就消失。明明掩盖不住的事实,却要想法子掩盖,最后只能是自己欺骗自己,自食其果[①]。

---

① 自食其果:做了坏事,结果害了自己;自作自受。

叶公好龙

出处

西汉·刘向《新序·杂事五》:"叶公子高好龙,钩以写龙,凿以写龙,屋室雕文以写龙。于是天龙闻而下之,窥头于牖①,施尾于堂。叶公见之,弃而还走,失其魂魄,五色无主。是叶公非好龙也,好夫似龙而非龙者也。"

释义

比喻自称爱好某种事物,实际上并不喜爱,甚至惧怕,反感。

典故

春秋时期,楚国有一个人叫叶公,大家都知道他喜欢龙,因为他常常讲:"我最喜欢龙了。龙多么神勇②,又多吉祥啊!"他们家装修房子的时候,在每个角落都雕刻上龙的样子;叶公穿的衣服,也让人绣上龙的图案。他对龙的喜爱简直到了痴迷③的程度。

---

① 牖(yǒu):窗户。
② 神勇:形容人非常勇猛。
③ 痴迷:深深地迷恋。

叶公喜欢龙的事情，被天上的真龙知道了。真龙心里很高兴，心想："有个如此喜欢我的人，我一定要去见见他。"

这一天，龙来到了人间，它特地飞到了叶公家里。它把头伸进窗口，长长的尾巴拖到了大厅。叶公听到了好大的声音，就赶忙跑去看。这一看，叶公的脸一下子就吓白了，浑身不停地发抖，落荒而逃，一会儿就不见踪影了。

思考与领悟

这个故事辛辣地讽刺了叶公式的人物，深刻地揭露了他们只唱高调、不务实际的坏思想、坏作风。我们要丢弃"理论脱离实际"的坏思想、坏作风，做一个实事求是、表里如一[①]的人。

---

① 表里如一：形容言行和思想完全一致。

夜郎自大

出处

西汉·司马迁《史记·西南夷列传》:"滇王与汉使者言曰'汉孰与我大?'及夜郎侯亦然。以道不通,故各自以为一州主,不知汉广大。"

释义

比喻无知肤浅的自大行为。

典故

古代有一个国家叫夜郎,虽然这个国家非常小,但是这个国家的君主总以为自己的国家非常大。

为了寻找一条通往古印度的通路,王然于、柏始昌、吕越人等十几批人马从蜀郡出发,沿小路前往西方。经过四年多的时间,他们终于到达了昆明。滇王热情款待了这批汉朝的使者。

滇王安排了丰盛的酒宴,叫来大臣仆从候立两旁,自己坐在中间,很是威风。他热情地向使者介绍滇国,最后说:"其他周边国家与滇国比都是小国家。汉朝的使者们在这里多住几天,开开眼界,长长见识。"还拉着长声问:"你们说,汉国与我国相比，哪个大呢？"使者们都不屑于回答，只是微微笑了笑。

后来使者们又经过夜郎，大家决定去拜访夜郎侯，刚走到宫殿，就看见夜郎侯高高地坐在宫殿的龙椅上，那是一张镶满各种珠宝的椅子，豪华极了！夜郎侯连正眼都不看他们一下，斜着眼问使者："你们从边远的地方来，夜郎可是世界的中心！你看这里，土地辽阔，景色繁华，你们有什么感受啊？你们汉国和我夜郎国，哪个更大呢？"夜郎侯得意地提出很多问题，他不知道的是这可把汉朝使者给笑坏了！

思考与领悟

夜郎本来是非常小的国家，但夜郎侯却无知地认为夜郎国最大，就像井底之蛙一样没有见过大世面。我们想要避免出现夜郎自大的毛病，就得开阔视野，虚心学习他人的长处和经验。

一见如故

出处

《左传·襄公二十九年①》:"见子产,如旧相识。"

释义

初次见面就像老朋友一样。形容初次相见就情投意合。故:故人,老朋友。

典故

唐朝的开国功臣房玄龄从小机警聪慧,他曾悄悄地对父亲说:"别看隋朝一统江山,太平无事;殊不知皇上无德无功,又重用阿谀奉承②之辈,滥杀无辜,还随心所欲地废了皇太子,百姓怨声载道。隋朝的灭亡,指日可待了!"

其父吓得连连喝住他不要乱说。房玄龄十八岁中进士,授羽骑尉。后来,汉王陈友谅反叛隋朝,房玄龄受牵连,被贬上郡。房玄龄听说举义旗反隋的秦王李世民巡行渭北,便策马赶来投

---

① 襄公二十九年:公元前 544 年。
② 阿谀奉承:曲意奉承,讨好他人。

奔，匆忙间竟拿着马鞭上军门求见。

李世民对房玄龄早有耳闻，两人一见很是投缘。《新唐书·房玄龄传》称他们"一见如故"，大有相见恨晚之感。李世民当即授房玄龄府记室之职。

从此，房玄龄跟随李世民走南闯北，九死一生。每次打了胜仗，将领们猎取的是金银财宝，而房玄龄却为李世民搜罗①得力的人才。难怪李世民曾说："汉代光武帝有了邓禹，使幕僚们相亲相爱；今我有房玄龄，就如同得到邓禹一样。"

627年，唐太宗李世民继位，宣布房玄龄与杜如晦、长孙无忌、尉迟敬德、侯君集等功居第一，任命房玄龄为中书令②。

思考与领悟

房玄龄与李世民初次相见都有相见恨晚之感，就像老朋友一样合得来。"一见如故"这个词语的特殊之处在于，它所表达的感觉是一种稳定的关系，两人的友情就像是天生一对，相互映照，相互扶持。

---

① 搜罗：到处搜寻收集（人或事物）并聚集在一起。
② 中书令：宰相。

一箭双雕

出处

唐·李延寿《北史·长孙晟列传》:"尝有二雕,飞而争肉,因以箭两支与晟,请射取之。晟驰往,遇雕相攫,遂一发双贯焉。"

释义

原指射箭技术高超,一箭射中两只雕。后比喻做一件事达成两个目的。

典故

南北朝时期,北周有一位很有名气的武将叫长孙晟,他能在奔跑的马背上射中猎物。

当时北周公主嫁到北域的突厥①时,皇上就派长孙晟前去护送。到了那里,突厥国王摄图非常欣赏长孙晟,常常和他一起出去打猎。

有一次,长孙晟和摄图去打猎,远远看见空中飞来两只大雕。这两只雕纠缠在一起,好像在争夺一块食物。长孙晟迅速地

---

① 突厥:中国古代北方阿尔泰山一带的游牧民族。

用力拉满弓，一箭射过去，只见两只大雕同时从天上掉了下来。

"好箭法！一箭射下来两只大雕！"随行的人都发出欢呼声，赞赏长孙晟的箭法高明。

思考与领悟

长孙晟的箭法真是高明。这件事体现了他的敏锐和果决。在日常生活中我们也要养成观察和规划的习惯，这样我们做起事来就可以一箭双雕，省时又省力。

一毛不拔

出处

战国·孟轲《孟子·尽心上》:"杨子取为我,拔一毛而利天下,不为也。"

释义

连一根汗毛也不肯拔。形容为人吝啬自私。

典故

有一只生长在深山里的猴子,它非常羡慕人类,觉得人类的生活太快乐了。果实熟了的时候,人类可以一担一担往家挑,不像猴子一年到头四处寻觅食物,找一个吃一个,饥一顿饱一顿的;冬天刮风下雪,人类可以待在温暖的家里,家里也有过冬的粮食,不像猴子一到冬天,只能在冷冰冰的石洞里受冻挨饿。这只猴子想,来世我一定不做猴子了!

后来,这只猴子死了,它到阴间拜见阎王。阎王问猴子说:"来世你还想做猴吗?"猴子连忙说:"不想做猴了,请大王让我变成人吧!"阎王说:"也好,不过想变人有个条件,那就是必须将你身上的毛全部拔掉。"

地府鬼差让猴子趴下，准备给它拔毛。可是刚拔下一根毛，猴子便大叫起来："哎哟，受不了，疼死我了！"

阎王笑着对猴子说："看你一毛不拔，又怎么能变成人呢？"

这只猴子活着的时候只看到人类的快乐，却不知道人类的快乐是付出辛勤劳动后才获得的。像猴子这样"一毛不拔"的家伙，怎么能做人呢？

思考与领悟

猴子看到人类生活得快乐，就要做人，却一根毛也不肯拔，一点痛苦都不想承受。在我们的生活中，也有一些人总是看到别人光鲜亮丽[①]的一面，羡慕别人的生活，却没看到别人背后付出的努力。如果一点苦都不愿意受，怎么能过上理想的生活呢？

---

① 光鲜亮丽：一个人或物非常美丽，容光焕发，耀眼夺目。

一丝不苟

出处

清·吴敬梓《儒林外史》第四回:"上司访知,见世叔一丝不苟,升迁就在指日。"

释义

形容做什么事都认真,连最细微的地方也不马虎。苟:敷衍了事,马马虎虎;丝:计量单位。

典故

明朝时期,明太祖朱元璋下了一道禁令:禁止宰杀耕牛。

一天,乡绅张静斋和举人范进相约去拜访知县汤奉,汤奉设宴招待他们。这时,一位老者让人送来五十斤牛肉,以此贿赂①汤奉。汤奉一向受贿,但是看到牛肉心里很矛盾,因为皇上有禁令,所以一时也不知如何是好。于是汤奉就询问张静斋该怎么处置。张静斋摇头道:"万万使不得,我们都是朝廷命官,心中应只有皇上,不能收受贿赂。"他又举例说:"洪武年间(1368—

---

① 贿赂:用财物买通别人,也指用来买通别人的财物,此处为后者。

1398），有一次皇上到刘伯温家中造访，正巧江南张士诚送来一坛子小菜。刘伯温打开一看，发现是一坛子金子。皇上见状勃然大怒，第二天就把刘伯温贬为青田知县，不久就将他毒死。"

汤奉听张静斋说得头头是道，于是急忙请教该如何处理才好。张静斋说道："你可以借此事大做文章，将那老者抓起来，打他几十大板，用一副大枷锁了，把牛肉堆在枷上，并张贴告示，告示上写明他胆大妄为，知法犯法，让他游街示众。如果上司知道你办事这样一丝不苟，一定会提拔你的。"

汤奉听了连连称是，就按他说的办了。

思考与领悟

汤奉贪财却怕事，张静斋给他出了一个馊主意，还想让上司夸他办事一丝不苟。我们可以看出张静斋这个人心思细腻，但他却没有用对地方。我们不能学他这种油滑钻营[①]，无论是学习，还是工作，都应该脚踏实地，兢兢业业，一丝不苟。

---

① 钻营：找门路，托人情，谋求私利。

一叶障目

出处

战国·鹖冠子《鹖冠子·天则》:"一叶蔽目,不见泰山;两耳塞豆,不闻雷霆。"

释义

一片树叶挡在眼前,人就看不见广阔的世界了。喻指看不到事物的全貌。蔽目:同障目。

典故

从前,楚国有个书呆子,家里很穷。有一天,他正在看书,忽然看到书上写着:"如果得到螳螂捕捉知了时用来遮身的那片叶子,就可以把自己的身体隐蔽起来,谁也看不见。"于是他想:"如果我能得到那片叶子,那该多好呀!"

从这天起,他整天在树林里转来转去,寻找螳螂捕捉知了时藏身的叶子。终于有一天,他看到一只螳螂藏身在一片树叶下捕捉知了,他兴奋极了,猛地扑上去摘下那片叶子。可是他太激动了,一不小心让那片叶子掉在了地上,与满地的落叶混在了一起。他呆愣了一会，拿来一只簸箕，把地上的落叶全都收起来，带回家去。回到家里他想：怎样才能从这些叶子中拣出那片可以隐身的叶子呢？

他决心一片一片试验。于是，他举起一片树叶，问他的妻子说："你能看得见我吗？""看得见。"他妻子回答。"你能看得见我吗？"他又举起一片树叶问。"看得见。"妻子耐心地回答。

他一次次地问，妻子一次次地回答。终于有一天，他的妻子厌烦了，随口答道："看不见啦！"

书呆子一听乐坏了。他拿了树叶，来到街上，用树叶挡住自己，当着店主的面，伸手取了店里的东西就走。

店主惊讶极了，把他抓住，送到官府去了。县官觉得很奇怪，居然有人敢在光天化日①之下偷东西，便问他究竟是怎么回事。书呆子说了原委②，县官不由得哈哈大笑，把他放回了家。

思考与领悟

书呆子看书中写有树叶可以隐身，就相信并去寻找那种神奇的树叶，并拿着所谓的"隐身树叶"去行窃，结果被官府抓去，受到了惩罚。这个故事告诉我们，要以谨慎的态度看待别人的理论，对于别人说的话要调查、验证之后再接受。

---

① 光天化日：比喻大家看得非常清楚的场合。
② 原委：事情从头到尾的经过。

一意孤行

出处

西汉·司马迁《史记·酷吏列传》:"公卿相造请禹,禹终不报谢,务在绝知友宾客之请,孤立行一意而已。"

释义

不接受别人的劝告,顽固地按照自己的主观想法去做。

典故

赵禹和张汤,是汉景帝时的两个大臣。

赵禹为人耿直,为官清廉。入朝当官以后,他给自己约法三章:一是遣散家中的门客,不再听他们的闲言碎语;二是断绝与亲密朋友的来往,尽量少受他们的人情影响;三是婉言谢绝①公卿大夫的邀请,不与他们往来应酬。赵禹认为只有这样坚决杜绝各种吃请②,才能不受其他因素的影响。"孤立行一意",也就是不听别人怎么说,坚持按自己的意愿去做,公正地处理各种

---

① 婉言谢绝:以委婉的方式拒绝。
② 吃请:接受别人邀请去吃饭。

事务。

张汤为人奸猾，擅长巴结权贵，与长安的许多商人富豪关系密切。他能言善辩①，颇得景帝赏识，很快晋升为御史大夫。

一次，景帝召集群臣商议与匈奴和亲的事，博士狄山主张和亲。这时，张汤站出来蛮横地攻击狄山："你真是个迂腐②之人，简直无知到了极点！"

狄山回击说："我是愚忠，你是诈忠。我早就看出你是一个狡诈的小人啦！"

张汤是景帝的宠臣，如今他被人辱骂，这还了得！景帝当即责问③狄山："你能掌管一个郡，阻止匈奴进犯吗？"

"臣不能。"

"你能掌管一个县吗？"

"臣也不能。"

"能掌管一个要塞吗？"

狄山知道再强辩下去没有好处，就说了句："臣能。"

于是，景帝马上传旨，叫狄山到边境的一个关口去防守要塞。没几天，匈奴入侵，将狄山抓住杀害，砍下他的脑袋带走了。这件事使群臣震惊，大家对张汤更加畏惧了。

张汤有景帝庇护，越发为所欲为④，渐渐激起了民愤。一些官吏联名上书景帝，揭露了张汤许多恶劣行径。景帝发觉自己受了

---

① 能言善辩：形容能说会道，有辩才。
② 迂腐：守旧固执、不能顺应时代潮流接受新思想。
③ 责问：用责备的语气质问。
④ 为所欲为：本指做自己想做的事，后指想干什么就干什么。

骗，就派"孤立行一意"、秉公执法的赵禹去责问张汤。张汤自知罪重，就自杀了。

思考与领悟

赵禹的"孤立行一意"在当时是具有积极意义的，他能坚持原则，公正地处理各种事务，压制了国内的歪风邪气。但在当下，"一意孤行"就是固执，不懂变通了。做人千万不可一意孤行，要多采纳他人建议，事情或许会办得更顺利。

一朝一夕

出处

西周·姬昌《周易》:"子弑其父,非一朝一夕之故。"

释义

一个早晨或一个晚上,形容时间非常短。朝:早晨;夕:晚上。

典故

杨朱是战国时期著名的哲学家。一次,他到朋友季梁家去,恰巧季梁身体不舒服,躺在床上。季梁的儿子见了杨朱后,哭着说:"杨伯伯,我父亲的病看上去很凶险,你能否帮我请医生来为他诊治一下?"

杨朱探视了一下,安慰季梁的儿子说:"贤侄别急,依我看,你父亲的病并不严重,只要好好调理,很快会痊愈①的。"

但是,季梁的儿子不信,一下子请来三个医生。

第一位医生给季梁诊治了一下,说:"你得病的原因是冷暖

---

① 痊愈:病后恢复健康。

没有节制,虚实失调,阴阳不和,平时饥饱不均造成的。只要吃几帖药,病就可以治好。"

季梁摇摇头说:"你只是个普通医生,你走吧!"

第二个医生为季梁诊了脉,说:"你的病是由于先天不足,而不是一朝一夕形成的。要用药来治好你的病,恐怕很难。"

季梁赞许地说:"你是一位良医。"

第三位医生只望了望季梁的气色,说:"你的病是由精神因素引起的,所以不用吃药,只要好好修身养性①,就会好的。"

季梁赞许地说:"你真是一位神医啊!"

原来,季梁的病确实是因精神忧郁而引起的。经过一段时间的休养,他的病果然好了。

思考与领悟

"你父亲的病并不严重,只要好好调理,很快会痊愈的。"哲学家杨朱经过探视得出的结论是正确的。医生治病要对症下药②,关键是找到症结。

---

① 修身养性:通过自我反省体察,使身心达到完美的境界。
② 对症下药:针对病症用药。比喻针对事物的问题所在,采取有效的措施。

以讹传讹

出处

宋·俞琰《席上腐谈》:"世上相传女娲补天炼五色石于此,故名采石,以讹传讹。"

释义

本就不正确的话,又被错误地传出去,越传越错。以:拿,把;讹:谬误。

典故

一天,宝玉、黛玉、宝钗、湘云和李纨一起编灯谜。李纨说道:"我先编个,'观音未有世家传',打《四书》上一句话。"黛玉歪头一笑,说道:"是'虽善无征'吧?"众人均点头。李纨接着说:"'水向石边流出冷',打一个古人名字。"探春一笑,说道:"山涛是也。"李纨说:"正是。"

宝钗皱眉说道:"这些虽好,老太太却不喜欢,还是做一些浅显通俗的灯谜吧。"湘云说:"这也不难,你们听这个,'溪壑①分离，红尘游戏，真何趣？名利犹虚，后事终难继'。"宝玉说："可是杂耍的猴？"湘云笑道："是的，这个可好？"有人问道："最后一句怎么解释？"她说："猴儿的尾巴不是剁了吗？"众人一想，便都哈哈大笑。

笑过之后，李纨又接着说："宝琴妹妹走的地方多，又有诗才，不如编几个谜语？"宝琴低头一笑，说道："那我就献丑一回，挑十个古迹作十首怀古诗，每诗藏着俗物一件，大家猜猜。"宝琴将诗写在纸上，大家争相传阅。宝钗说："其中八首有古书为据，另两首却无从考究。要不，另作别的来？"黛玉说："也无妨吧，宝姐姐太过拘泥②了。"李纨也说："这两首诗无从考究也没什么，自古以来，多是以讹传讹，且留着用吧。"大家就这后两首猜了猜，竟都没猜中。

思考与领悟

毫无根据的话最好不要传出去，不仅会对别人造成伤害，对自己的名声也不好。这则成语告诉我们：当有流言蜚语③时，不要轻信，要有实事求是的探索精神。用求真的态度，严格要求自己，不造谣，不传谣，不信谣，不跟风。

---

① 溪壑：山谷溪涧。
② 拘泥：拘守；固执成见而不知变通。
③ 流言蜚语：毫无根据的话，背后散布的诽谤性的坏话。

以貌取人

出处

西汉·司马迁《史记·仲尼弟子列传》:"吾以言取人,失之宰予;以貌取人,失之子羽。"

释义

根据外貌判断别人的品行和才能。

典故

孔子有许多弟子,其中有一个名叫宰予的,能说会道,利口善辩①。他开始给孔子的印象不错,但后来他渐渐地露出了真面目:既无仁德又十分懒惰。大白天不读书听讲,躺在床上睡大觉。为此,孔子骂他"朽木不可雕"。

孔子的另一个弟子,叫澹台灭明,字子羽,是鲁国人,比孔子小三十九岁。子羽的相貌很丑陋,想要供奉孔子。孔子开始认为他资质②低下,不会成才,但他从师学习后,回去就致力于修身

---

① 利口善辩:口齿伶俐,擅长辞辩。
② 资质:聪明才智。

实践，处事光明正大，不走邪路，除了公事，从不去会见公卿大夫。后来，子羽游历到长江，跟随他的弟子有三百人，他的声誉很高，各诸侯国都在传诵他的名字。孔子听说了这件事，感慨地说："我只凭言辞判断人品行能力的好坏，结果对宰予的判断就错了；我只凭相貌判断人品行能力的好坏，结果对子羽的判断又错了。"

思考与领悟

有个说法叫"眼见为实"，但我们的眼睛看不到一个人的内心，连孔子都不能根据言辞和相貌判断出一个人的品行和才能，何况我们呢？因此，判断一个人的能力和品行不能只凭表面的东西。

有恃无恐

出处

春秋·左丘明《左传·僖公二十六年》:"室如悬磬,野无青草,何恃而不恐?"

释义

因为有一些倚仗而毫不害怕,或毫无顾忌。

典故

齐国国君齐桓公死后,他的儿子齐孝公继位。

鲁僖公二十六年(前634)夏天,鲁国发生了严重的灾荒。齐孝公乘人之危,亲率大军,气势汹汹①地向东进发,讨伐鲁国。鲁僖公得到消息,知道鲁军无法和齐军对抗,便派大夫展喜带着牛羊、酒食去犒劳齐军。

这时,齐孝公的军队还没有进入鲁国国境。展喜日夜兼程,

---

① 气势汹汹:形容来势凶猛。汹汹:形容水声大,引申为声势大。

在齐、鲁边界遇到了齐孝公。展喜对齐孝公说:"我们鲁国的君王听说齐国国君亲自来到我国,特地派我前来慰劳贵军。"

"鲁国难道不怕齐国吗?"齐孝公傲慢地说。

展喜是个见多识广①的人,他不卑不亢②地回答说:"那些没有见识的人可能有些害怕,但我们鲁国的国君和大臣们却一点也不害怕。"

齐孝公听了,轻蔑地说:"你们鲁国国库空虚,老百姓家中缺粮,地里别说庄稼,连棵青草也看不到,你们凭什么不感到害怕呢?"

展喜胸有成竹,不慌不忙地说:"我们依仗的是周成王的遗命。当初,我们鲁国的祖先周公和齐国的祖先姜太公忠心耿耿③地辅助周成王,废寝忘食地治理国事,终于使天下大治。成王对他们二人十分感激,让他们立下盟誓,要世代友好,不要互相侵害。既然祖先是这样友好,大王您又怎么会贸然④违背祖先的盟约,进攻我们鲁国呢?我们正是依仗着这一点才不害怕的。"

齐孝公被展喜说动了,决定不再攻打鲁国。

---

① 见多识广:见过的多,知道的广。形容阅历深,经验多。识:知道。
② 不卑不亢:对人有恰当的分寸,既不低声下气,也不傲慢自大。
③ 忠心耿耿:形容非常忠诚。
④ 贸然:轻率的样子。指遇事不经深思熟虑,随便就决定做法。

思考与领悟

展喜在面对齐孝公的时候并没有感到害怕,他用三寸不烂之舌说动了齐孝公。做人要遵守承诺,如果不能遵守就不要轻易承诺。做了承诺,就要认真履行。做人处事诚实,不欺骗,遵守诺言,这样才能取得别人的信任。

欲盖弥彰

出处

春秋·左丘明《左传·昭公三十一年①》:"或求名而不得,或欲盖而名章,惩不义也。"

释义

想要掩盖坏事的真相,结果暴露得更加明显。盖:遮掩;弥:更加;彰:明显。

典故

春秋时齐国的大夫崔杼掌管着齐国的军政大权。

棠公是齐国棠邑的大夫。棠公死后崔杼去吊唁。棠公的妻子棠姜是个绝色美人,崔杼一见到她,就被迷住了。之后,他不顾众人的劝阻,娶了棠姜。

齐国国君庄公,也是个好色之徒,明知崔杼娶了棠姜,却与棠姜私通②。这件事情让崔杼知道了,他非常气愤,便谎称自己有

---

① 昭公三十一年:公元前511年。
② 私通:暗地里勾搭。

病，待在家里不去上朝。

不久，庄公借探视崔杼的机会，来与棠姜相会。于是，崔杼就设计把庄公杀了。庄公死后，崔杼立景公为齐国国君，自己做了丞相。

齐国负责撰写国史的官员是个正直的人。崔杼多次暗示，要他把这事搪塞①过去，他却坚持史官的操守，如实记述道：崔杼杀了他的君主。

杀死自己国家的君主，是大逆不道之举，为众人所憎恶。崔杼无法容忍被这样记载，就把那个史官给杀了。

继任的史官仍秉笔直书②。崔杼想："既然杀一个还不足以堵住你们的嘴，我又何妨再杀一个，看你们怕不怕。"崔杼把这个史官也杀了。之后，他又杀了第三任史官。

可第四任史官仍坚持原则，不为所动。总杀人也不是个事儿呀！没办法，崔杼只好作罢。后世之人便把崔杼的这桩丑闻说成是"欲盖弥彰"。

思考与领悟

崔杼杀了一个又一个的史官，是为了掩盖自己杀掉国君的丑闻。他以为杀掉史官，就能抹掉那段历史。其实，这只是欲盖弥彰。犯了错误，不要想着可以掩盖过去，敢于承认和改正，也是一种难能可贵的品质和胸襟。

---

① 搪塞：敷衍。
② 秉笔直书：写史书根据事实记录，不隐讳。

凿壁偷光

出处

西汉·刘歆《西京杂记》卷二:"匡衡字稚圭,勤学而无烛,邻舍有烛而不逮。衡乃穿壁引其光,以书映光而读之。"

释义

原指西汉匡衡幼时凿穿墙壁引邻舍之烛光读书。现用来形容家贫而读书刻苦的人。

典故

西汉时期有一个叫匡衡的人,他虽然出身贫寒①,但很喜欢读书。

匡衡没钱买书,当听说附近有一个大户人家,主人叫文不识,家中藏有许多书时,便去他家干活。文不识答应让他干活,问他一年要多少工钱。匡衡回答一个钱也不要,并向文不识说明来干活的目的就是想借书看,这借书看就当是给工钱了。

文不识被他的这种求学精神所感动,答应了他的请求。

---

① 出身贫寒:生长在穷苦人家。

有书读，匡衡真是太高兴了！可是他只有晚上才有充足的时间看书，晚上看书要点灯，点灯又要油，买油又没钱，怎么办？

一天晚上，匡衡正躺在床上背书，突然发现从墙缝里透过来一丝亮光，于是他把自家的墙壁凿了一个小洞，这样隔壁邻居家的光就能射进来。从此，他每天就蹲在那个小洞旁看书。就这样，日复一日，年复一年，他终于成了一位著名的学者。

思考与领悟

因为家庭贫穷等客观因素限制了匡衡读书学习的脚步，但是匡衡没有抱怨也没有放弃。他自己创造机会读书学习，通过帮人做工甚至借邻居家的光来看书，这都是他为自己创造的条件。我们应该学习他这种刻苦和持之以恒①的精神，克服不利的客观因素，用自己的毅力去战胜困难。

---

① 持之以恒：长久坚持下去。持：坚持；恒：恒心。

朝三暮四

出处

战国·庄周《庄子·齐物论》:"狙公赋芧,曰'朝三而(暮)四',众狙皆怒。曰'然则朝四而暮三',众狙皆悦。名实未亏而喜怒为用,亦因是也。"

释义

原指玩弄手法欺骗人。后用来比喻常常变卦,反复无常。

典故

宋国有个养狙(猕猴)的人,人们都叫他"狙公"。狙公养的猴子很有灵性,它们能听懂狙公的话。狙公也能明白猴子们的意思。人猴交流毫无障碍,相处甚欢。

猴子们爱吃芧(xù,栎树的果实,又称"橡实""橡子"),狙公每天都会给它们橡子吃。有一天,他对猴子们说:"以后呀,你们每天吃的橡子,我早上给三升,晚上给四升。"

"不行,不行,太少了,太少了……"猴子们都气呼呼地嚷嚷起来。

狙公思考了一下说:"那就早上四升,晚上三升。"

猴子们听到早上的橡子从三升增加到四升,都以为可以多吃一些了,都高兴得翻起跟头来。

"三""四"及其总数"七",在名称和实际数量上都没有变化,猴子们却因为前后颠倒的说法而产生了错误的认知,并因此生出或喜或怒的变化。这则故事想说明,圣人调和是非而不去争论,让是与非混同起来,任其自然均衡,喻指妄辩是非的徒劳无益。后来,人们从中演变出"朝三暮四"这句成语。

思考与领悟

"早晨四升,晚上三升"和"早晨三升,晚上四升",橡子的总数是一样的,猴子们却没有想清楚,被假象迷惑了。现在,"朝三暮四"是指常常变卦,反复无常。这个故事告诉我们要透过事物的现象看本质,不要被表面的蝇头小利迷惑。

执迷不悟

出处

唐·姚察、姚思廉《梁书·武帝本纪》:"若执迷不悟,距逆王师,大众一临,刑兹罔赦,所谓火烈高原,芝兰同泯。"

释义

坚持错误的观念而不醒悟。执:固执;迷:迷惑;悟:觉悟。

典故

汉武帝刘彻在位期间,汉朝的国力无比强盛。刘彻是一名非常出色的皇帝,将本朝的军事、经济、科技推到一个新高度。任何事情,他都亲力亲为①,所以臣子和百姓都十分拥戴他。但是,他也会犯错,而这个错他终其一生也没有改正。

他统治的是个庞大的王朝,集财富、荣耀、权力于一身,所以他最怕早早地离开人世。正因如此,他对神仙崇拜到痴迷的地步。后来有个叫李少君的人,他说自己已七十多岁,之所以看起

---

① 亲力亲为:亲自参与,不由别人来代替。

来这么年轻，得益于吃了几粒灵丹妙药。不知是他故意隐瞒，还是什么原因，世人都不清楚他家在何方，年龄几何。他靠蒙骗一些愚人换取钱财，即使不劳动，也不缺衣食。外边散布着一些关于他的谣言，他觉得这样更有利于自己编造谎言，让人们更加相信他是百年前的老人。

有一次，他在田蚡家里喝酒，看到酒席上坐着一位九十岁的老翁，就对他说："我曾经和您祖父在某地打过猎啊！"那个老翁记得年幼时确实跟随祖父打猎，就点头称是。客人们都十分惊奇，认为他真是一个神仙。后来，田蚡就将他引荐给了汉武帝。汉武帝有心考他，就拿出一个旧铜器，让他鉴赏一下。偏偏他这个人对古物有些研究，就胡诌这个铜器是自己当年送给齐桓公的。随后，汉武帝就把这个铜器交到史官手里，史官经过一段时间的考证，报告说这确实是齐国的古物。这个消息震惊朝野[①]，当时所有人都说他是鬼神。他见皇帝很是信服，便说："如果您虔诚地祭祀，就能请来神仙，赐给您长生不老的仙药。我在东海游历时碰到仙人安期生，他送给我一个枣，这个枣却有瓜那么大。安期生这个神仙就住在蓬莱，碰到有缘人就出来相见，若觉得不喜欢就干脆躲起来。"

汉武帝十分相信他，诚心祭祀后就派人去蓬莱寻安期生那般的神仙。这时候却有人发现，李少君其实是一个骗子。地方官抓住了很多造谣生事的人，其中就有人供出是李少君收买的；那

---

① 震惊朝野：在朝廷和民间都有不小的轰动。

么，他之前说的那些神乎其神①的事情也就不存在了。可是，汉武帝根本不信，对李少君仍然十分恭敬，主要是怕李少君一生气，仙人就不来了。

没过几年，李少君死了，大家想这回汉武帝该相信他是一个骗子了吧。可是，汉武帝却说他其实未死，而是成为仙人上天去了。被派去蓬莱的人回来说根本就没有什么仙人。汉武帝却一直相信蓬莱就是有仙人，只是机缘还未到罢了。

思考与领悟

汉武帝沉浸在成仙的梦中不愿醒来，这就是执迷不悟的表现。执迷不悟是一种刚愎自用、顽固不化的恶习。如果自己真的错了，就应大方承认。迷途知返，为时不晚。

---

① 神乎其神：神秘奇妙到了极点。

纸上谈兵

出处

西汉·司马迁《史记·廉颇蔺相如列传》:"蔺相如曰'王以名使括,若胶柱而鼓瑟耳。括徒能读其父书传,不知合变也'。赵王不听,遂将之。"

释义

在文字上谈用兵策略,比喻不联系实际情况,空发议论。指空谈理论不能解决问题。纸:书;上:上面;谈:谈论;兵:用兵。

典故

赵奢是战国时期赵国的著名将领,他为赵国立下了汗马功劳①。人们常说"虎父无犬子",赵奢的儿子赵括,从小就熟读各类兵书,常与父亲谈论如何用兵,总是夸夸其谈②,说得头头是道。赵奢的夫人见儿子这样有才,非常高兴,赵括更是十分得

---

① 汗马功劳:现指辛勤工作做出的贡献。
② 夸夸其谈:形容说话浮夸不切实际。

意，自认为天下无敌。然而赵奢却很替儿子担心，觉得赵括只不过是纸上谈兵，甚至还说："将来赵国不用赵括便罢，如果任用他为将军，必定大败！"

因此，赵奢临终前，特意把赵括唤到床前训导："你不是当大将的材料，千万不要勉为其难。"又叮嘱妻子说："以后如果赵王想让赵括当将军，你一定要坚决推辞掉，否则定会丧军辱国！"可是，赵奢这个遗愿并没有被妻儿遵从。

公元前259年，秦军出兵攻打赵国，赵军由廉颇指挥，在长平坚持抵抗。廉颇虽然已经年老，但作战经验丰富。他见秦军实力非常强大，不能硬拼快攻，便采用以守为攻的策略，不论秦军怎样挑衅，也不出去应战。秦军怕长久僵持下去对秦军不利，便派出奸细到赵国大肆散布廉颇的谣言，说廉颇老了，胆子小了，秦军最担心的人是赵括，别的将领都不行……赵王听了以后信以为真，就把廉颇召了回来，改派赵括统领军队。

当时，宰相蔺相如正在病中，听说此事后着急地说："赵括只不过死读了一些兵书而已，并无实战经验，更不懂得如何灵活运用兵法，派他统率三军，万万不行！"但是，蔺相如的话没能改变什么。

赵括威风凛凛地来到长平，立即改变了廉颇打持久战的策略，又更换了很多将官。然后，他率领三军主动出击，杀出了赵营。秦将白起非常高兴，立刻设下圈套引诱赵括。两军对阵时，秦军佯败退走，赵括率兵猛追，结果被秦军团团围住。接着，秦军又果断截断了赵军的粮道。一个多月后，赵军断了粮草，赵括被迫突围，被秦军乱箭射死，四十多万赵军最后也全部被秦军坑杀了。

思考与领悟

赵括虽然熟读兵书，能把如何用兵说得头头是道，但是其父赵奢、宰相蔺相如等都知道他只会夸夸其谈，缺乏统兵作战的真本事。这个故事告诉我们，理论和实践往往不是一回事，说到和做到之间往往有很大的差距。于我们自身，不可只会口若悬河、夸夸其谈而不能解决实际问题；于别人，我们也不能被对方滔滔不绝、侃侃而谈的说辞所蒙蔽，还要看对方是如何做的。

专横跋扈

出处

南朝·宋·范晔《后汉书·梁冀传》:"帝少而聪慧,知冀骄横,尝朝群臣,目冀曰'此跋扈将军也'。"

释义

专断蛮横,任意妄为,蛮不讲理的意思。跋扈:霸道,不讲理。

典故

东汉时期,大将军梁松去世,他的儿子梁冀承袭将军位,把持了东汉朝廷。

此时,汉顺帝已是二十七岁的成年人,正是能有所作为的年华,却在梁冀在任的第三年,突然病逝。

顺帝死后,因梁皇后无子,便选了一个地位低微的美人虞氏所生的两岁娃娃继位,称冲帝。梁皇后升为皇太后,临朝听政。皇太后的兄长梁冀更是独揽大权。他在生活上越来越奢侈，在政治上越来越专横。冲帝死后，又改立新皇帝。为了避免邓、阎等外戚利用皇帝幼弱而独揽大权的情况重演，李固极力主张立清河王刘蒜为帝。梁冀想故技重施[①]，所以并不同意李固的意见。大权在握的梁冀执意要立八岁的刘缵为皇帝，李固等再怎么反对也无可奈何。最终刘缵被梁冀立为皇帝，称为汉质帝。

　　质帝年龄虽小，却十分聪明，将梁冀的专横看在眼里，记在心中。有一次他实在耐不住，目视梁冀对朝臣说："此跋扈将军也！"汉质帝的早慧本来就是梁冀的一块心病，如今又听到质帝的辱骂，立即动了杀机。于是，梁冀密令爪牙置毒于煮饼中，小皇帝吃了后，胸腹部胀痛，情绪烦躁。他令人赶快召李固进宫，李固匆匆赶到，询问道："陛下患了什么病？"汉质帝拼尽最后一口气说："吃了煮饼，肚子闷痛，能喝到水还可活命！"此时梁冀在旁边冷眼注视，阴狠地说："恐怕会吐，不能喝水。"梁冀这么一说，便无人敢听小皇帝的话去拿水，李固也是一筹莫展[②]，只得眼睁睁地看着质帝中毒身亡。

　　多行不义必自毙，梁冀的专横引起了天下人的不满，汉桓帝通过和宦官密谋，处置了梁氏家族，抄没了梁氏全部家财。

---

① 故技重施：再次耍弄老方法、老手段。
② 一筹莫展：一点计策也施展不出，一点办法也想不出来。

思考与领悟

梁冀贪恋权力,如果他能用自己拥有的权力做一些造福百姓的好事,那么他在历史上一定不会如此臭名昭著①。所以,一定要善用自己的权力,多做一些利国利民的好事,才能够得到他人的尊重和称赞。

---

① 臭名昭著:坏名声世人皆知。

专心致志

出处

战国·孟轲《孟子·告子上》:"不专心致志,则不得也。"

释义

把心思全都放在上面。形容一心一意做某事。致:尽,极;志:意志。

典故

古时候有个人叫秋,他是一个很厉害的围棋手。因为他围棋下得太好了,所以人们都叫他弈秋。

弈秋的年纪大了,觉得应该找人继承自己的棋艺。有两个年轻人成了他的徒弟,弈秋想好好培养他们,让他们在围棋上有所成就。一段时间之后,有个徒弟学习非常专心,所以他的棋艺提高很快。

而另一个徒弟也是天天听课,但他并不专心。他眼睛看着老师,心里总是在乱想:"听说天鹅很漂亮,要是我有一把弓箭,碰到正在飞的天鹅时,就可以一箭射过去,不知道天鹅会不会掉下来呢?"就这样,老师讲的话,他一点儿也没有听进去,棋艺当然一点儿也没有提高。

思考与领悟

两个学生跟着同一位师父学围棋,一个专心学习,因此进步很快;另一个三心二意[①],根本没听到老师讲的话,当然就毫无进步了。无论做什么事,都要专心致志,只有一心一意才能有所成就。

---

① 三心二意:又想这样又想那样,犹豫不定。常指不安心,不专一。

自惭形秽

出处

南朝·宋·刘义庆《世说新语·容止》:"珠玉在侧,觉我形秽。"

释义

由于自己不如他人而感到羞愧。形秽:形态丑陋,引申为缺点。

典故

卫玠生下来就相貌不凡,有一种特别的姿态和风韵,说话走路、接人待物皆与一般孩子不同,人人都喜欢他。

卫玠的祖父和父亲都是朝廷的大官。卫玠稍微懂事以后,有一天赶羊车进城去。他经过市场时,人们见到他都十分惊讶,互相议论说:"瞧,他多像用玉雕成的人啊……"一时间,几乎全城的人都来观看他。

卫玠的舅舅王济,是骠骑将军,生得英俊健伟,很有风采。可是他一见到小外甥,就感慨地说:"卫玠和我站在一起,就像明珠、宝玉在我身边一样,我觉得自己太难看了。同他一块走,好像是一颗明珠在身旁闪烁，熠熠发光①啊！"

卫玠虽然长得异常俊美，又很有学问，但是身体多病。后来卫玠到了建邺，京师的人们早就听说他姿容非凡，都想见见他。他走到街上，看他的人像城墙一样，将他围得水泄不通②，没过几天，卫玠由于劳烦过度，不治而亡。

《晋书·卫玠列传》载有卫玠的事，原文是"珠玉在侧，觉我形秽"。后来由此演变成"自惭形秽"这句成语。

思考与领悟

王济身为将军，英俊健伟，风度不凡，但他跟外甥卫玠一比，就觉得自己太难看了。这正说明了"山外有山，人外有人"的道理。当然，虽说做人要自谦，但也不能妄自菲薄。

---

① 熠熠发光：闪耀发光。
② 水泄不通：像是连水也流不出去。形容拥堵得很严重或包围得很严密。

自相矛盾

出处

战国·韩非《韩非子·难势》:"人应之曰'以子之矛,陷子之盾,何如?'其人弗能应也。"

释义

比喻一个人行动、言语前后不一致,互相抵触。

典故

古时候,有个楚国人经常拿矛和盾到集市上去卖。这一天,为了招揽顾客,他不断地高声叫卖,好多人都跑过来看。

他先举起他的盾,向大家夸口说:"大家请看这块盾,这是世界上最最坚固的盾,多么锋利的矛也不能刺穿它!"大家听了,纷纷凑上去观看。

接着,这个楚国人又拿起一支长矛,得意地说:"大家再看看这根矛,这可是世界上最最锋利的矛,不管多么坚固的盾也挡不住它的一戳。"他一边夸着海口①,一边舞动着长矛,看着围观

---

① 夸着海口:漫无边际地说大话。

的人越来越多,他更是得意忘形①了。

这时候,人群中站出来一个人,毫不客气地说:"假如我用你的矛来戳你的盾,会怎么样呢?"

那个楚国人听了,哑口无言②,只好涨红着脸灰溜溜地逃离了集市。

思考与领悟

楚国人夸大了自己的矛和盾的威力,最后不出意料地把自己套在了圈套里。这个故事提醒我们,说话做事都要留有余地,不要让自己陷入自相矛盾的境地。

---

① 得意忘形:形容高兴得失去了常态。
② 哑口无言:形容被驳得理屈词穷,说不出话来,或因其他原因而一声不吭。

走马观花

出处

唐·孟郊《登科后》:"春风得意马蹄疾,一日看尽长安花。"

释义

骑在奔跑的马上赏花。原本形容事情如意、心情愉快。后来形容粗略地观看。

典故

唐朝中期,有位著名诗人叫作孟郊。孟郊出生在一个贫困的家庭,从小就勤学苦练,品学兼优,很有才华。但是,他的仕途却一直不顺利,从青年到壮年,好几次参加进士考试都落了榜。

他虽然穷困潦倒①,甚至连自己的家人都养不起,但他性情耿直,不肯走权贵之门。他决心用自己的真才实学,打开仕途的大门。

---

① 穷困潦倒:生活贫困,失意颓丧。

唐德宗贞元十三年（797年），孟郊又赴京参加了一次进士考试。这次，他终于进士及第了。而这时，他已经四十六岁了。几十年的拼搏，终于如愿以偿，孟郊十分高兴。他穿上崭新的衣服，扎上彩带红花，骑着高头大马，在长安城里尽情地游览。京城美丽的景色使他赞叹，考中进士的喜悦又使他意气风发。于是，他高兴地作了一首著名的《登科后》：

> 昔日龌龊不足嗟，
> 今朝旷荡恩无涯。
> 春风得意马蹄疾，
> 一日看尽长安花。

这首诗的意思是：过去那种穷困窘迫的生活是不值得再三提及的，今天我考中了进士，才真正感到皇恩浩荡①。我愉快地骑着马儿奔驰在春风里，一天的时间就把长安城的美景全看完了。这首诗把诗人中了进士后的喜悦心情表现得淋漓尽致。

这首诗作中的"春风得意马蹄疾，一日看尽长安花"成为千古名句。"走马观花"和"春风得意"两个成语都源于此诗句。

---

① 皇恩浩荡：旧指皇上的恩典十分深厚。

思考与领悟

孟郊在高兴时，骑着马，一天就看完了长安的美景。我们学习知识可不能走马观花。

中华传统文化国粹经典文库书目

第一辑

序号	书名	作者/编者	导读者
1	三国演义	[明] 罗贯中 / 著	郑铁生
2	水浒传	[明] 施耐庵 / 著	宁稼雨 石 麟
3	西游记	[明] 吴承恩 / 著	孟昭连
4	红楼梦	[清] 曹雪芹 高鹗 / 著	郑铁生
5	镜花缘	[清] 李汝珍 / 著	欧阳健
6	白话聊斋	[清] 蒲松龄 / 著	王晓华
7	阅微草堂笔记	[清] 纪昀 / 著	吴 波
8	西厢记	[元] 王实甫 / 著	周传家
9	世说新语	[南朝宋] 刘义庆 / 著	侯忠义
10	山海经	[汉] 刘歆 / 编	马文大
11	道德经	[春秋] 老子 / 著	王 蒙
12	四库全书	[清] 纪昀等 / 编	林 骅
13	唐诗三百首	立 人 / 编	徐 刚
14	元曲三百首	立 人 / 编	查洪德
15	宋词三百首	立 人 / 编	韩小蕙
16	中华成语典故	立 人 / 编	陈世旭
17	中华寓言故事	立 人 / 编	陈世旭
18	颜氏家训	[南北朝] 颜之推 / 著	孙钦善
19	治家格言	[清] 朱伯庐 / 著	李硕儒
20	了凡四训	[明] 袁了凡 / 著	俞 前
21	增广贤文	立 人 / 编	孙立仁
22	牡丹亭	[明] 汤显祖 / 著	周传家
23	随园诗话	[清] 袁枚 / 著	潘务正
24	人间词话	王国维 / 著	陈世旭
25	楚 辞	[战国] 屈原等 / 著	石 厉
26	吴越春秋	[东汉] 赵晔 / 著	田秉锷
27	菜根谭	[明] 洪应明 / 著	俞 前
28	小窗幽记	[明] 陈继儒等 / 著	陈喜儒
29	围炉夜话	[清] 王永彬 / 著	陈喜儒
30	浮生六记	[清] 沈复 / 著	王晓华
31	传习录	[明] 王阳明 / 著	王建新
32	说文解字	[东汉] 许慎 / 著	冯 蒸

第二辑

序号	书名	作者/编者	导读者
1	史 记	[西汉] 司马迁 / 著	关四平
2	资治通鉴	[北宋] 司马光 / 编	张秋升
3	春秋左传	[春秋] 左丘明 / 著	石定果
4	战国策	[西汉] 刘向 / 编	李瑞兰
5	汉 书	[东汉] 班固 / 著	关四平
6	三国志	[晋] 陈寿 / 著	郑铁生
7	古文观止	[清] 吴楚材 吴调侯 / 编	牛 倩
8	论 语	[春秋] 孔子等 / 著	石 厉
9	孟 子	[战国] 孟子 / 著	邵永海

中华传统文化国粹经典文库书目

序号	书名	作者 / 编者	导读者
10	庄子	[战国] 庄子 / 著	尚学峰
11	荀子	[战国] 荀子 / 著	尚学峰
12	管子	[春秋] 管子等 / 著	官铎
13	墨子	[战国] 墨子等 / 著	陈鹏程
14	韩非子	[战国] 韩非 / 著	邵永海
15	列子	[战国] 列子 / 著	陈鹏程
16	鬼谷子	[战国] 鬼谷子 / 著	张世林
17	淮南子	[西汉] 刘安等 / 著	张秋升
18	诸子百家	立人 / 编	张弦生
19	孔子家语	孔子门人 / 编	薄克礼
20	吕氏春秋	[战国] 吕不韦等 / 编	田秉锷
21	礼记·尚书	[西汉] 戴圣 / 著	冯蒸
22	三言二拍	[明] 冯梦龙　凌濛初 / 著	宁宗一
23	隋唐演义	[清] 褚人获 / 著	欧阳健
24	聊斋志异	[清] 蒲松龄 / 著	林骅
25	儒林外史	[清] 吴敬梓 / 著	吴波
26	东周列国志	[明] 冯梦龙 / 著	侯忠义
27	弟子规·千家诗	[清] 李毓秀 / 著　[南宋] 谢枋得　王相 / 编	郑铁生
28	孙子兵法·三十六计	[春秋] 孙武 / 著	李海涛
29	容斋随笔	[南宋] 洪迈 / 著	李硕儒
30	纳兰词	[清] 纳兰性德 / 著	李硕儒
31	豪放词·婉约词	立人 / 编	韩小蕙
32	唐宋散文八大家	立人 / 编	卓然

第三辑

序号	书名	作者 / 编者	导读者
1	中华上下五千年	立人 / 编	林海清
2	二十五史	立人 / 编	林海清
3	四书五经	立人 / 编	张弦生
4	智囊全集	[明] 冯梦龙 / 编	周传家
5	贞观政要	[唐] 吴兢 / 著	张弦生
6	诗经	[春秋] 孔子 / 编	石厉
7	孝经	[春秋] 孔子 / 著	田秉锷
8	挺经	[清] 曾国藩 / 著	王建新
9	易经	立人 / 编	李树果
10	冰鉴	[清] 曾国藩 / 著	陈喜儒
11	糊涂经	立人 / 编	周传家
12	周易全书	立人 / 编	郑铁生
13	黄帝内经	立人 / 编	廉玉麟
14	本草纲目	[明] 李时珍 / 著	廉玉麟
15	三字经·百家姓·千字文	[南宋] 王应麟　[南北朝] 周兴嗣 / 著	乔卉林
16	大学·中庸	[春秋] 曾子　[战国] 子思 / 著	牛倩
17	曾国藩家书	[清] 曾国藩 / 著	武道房
18	唐诗·宋词·元曲	立人 / 编	卓然
	未完待续……